U0717546

2023 年度教育部哲学社会科学研究重大专项
"习近平新时代中国特色社会主义思想形成发展史研究"
(2023JZDZ004) 的阶段性成果

宋友文 编著

《社会主义从空想到科学的发展》导读

江苏人民出版社

图书在版编目（CIP）数据

《社会主义从空想到科学的发展》导读 / 宋友文编著. —— 南京：江苏人民出版社，2023.12

（马克思主义经典著作导读系列）

ISBN 978-7-214-28443-3

Ⅰ.①社… Ⅱ.①宋… Ⅲ.①《社会主义从空想到科学的发展》-恩格斯著作研究 Ⅳ.①A811.24

中国国家版本馆CIP数据核字(2023)第198464号

书　　名	《社会主义从空想到科学的发展》导读
编 著 者	宋友文
责任编辑	黄　山
装帧设计	刘葶葶
责任监制	王　娟
出版发行	江苏人民出版社
地　　址	南京市湖南路1号A楼，邮编：210009
照　　排	江苏凤凰制版有限公司
印　　刷	江苏凤凰通达印刷有限公司
开　　本	890毫米×1240毫米　1/32
印　　张	6.125
字　　数	124千字
版　　次	2023年12月第1版
印　　次	2023年12月第1次印刷
标准书号	ISBN 978-7-214-28443-3
定　　价	36.00元

（江苏人民出版社图书凡印装错误可向承印厂调换）

总　序

　　习近平总书记指出："战略问题是一个政党、一个国家的根本性问题。战略上判断得准确，战略上谋划得科学，战略上赢得主动，党和人民事业就大有希望。……战略是从全局、长远、大势上作出判断和决策。我们是一个大党，领导的是一个大国，进行的是伟大的事业，要善于进行战略思维，善于从战略上看问题、想问题。"[1]要做好战略布局，首先必须解决"知"的问题。只有更好地"知"规律、"知"大局、"知"大势、"知"长远，才能更精准地把握人类发展大趋势、世界演变大格局、中国发展大方位，才能从全局、长远、大势上作出科学的战略谋划；反之，如果在理论思维和战略上判断失误了，那付出的代价将是不可估量的。毛泽东曾形象地阐述过这个问题："坐在指挥台上，如果什么也看不见，就不能叫领导。坐在指挥台上，只看见地平线上已经出现的大量的普遍的东西，那是平平常常的，也不能算领导。只有

1　《习近平谈治国理政》第四卷，外文出版社 2022 年版，第 31 页。

当着还没有出现大量的明显的东西的时候，当桅杆顶刚刚露出的时候，就能看出这是要发展为大量的普遍的东西，并能掌握住它，这才叫领导。"[1]

那么，如何才能更好地"知"规律、"知"大局、"知"大势、"知"长远呢？从哲学的角度看，现实是本质与现象的融合。要想透过现象把握本质，掌握历史规律，谈何容易！马克思指出："如果事物的表现形式和事物的本质会直接合而为一，一切科学就都成为多余的了。"[2]因此，现实绝不是直接可见的，同样，历史规律也绝不是仅仅依靠"眼睛"的直观就能看透的。望远镜可以穿越自然时空，看到浩瀚宇宙，然而射程再远的望远镜也望不穿历史时空，透视历史发展的规律；放大镜可以放大微小的物什，但倍数再大的放大镜也放不出时代发展大势；显微镜可以看透微尘粒子，但再精确的显微镜也看不透世界发展潮流。要把握历史规律，看透时代大势，认清世界潮流，就必须借助理论思维的慧眼。"一个民族要想站在科学的最高峰，就一刻也不能没有理论思维。"[3]中华民族要实现伟大复兴，也同样一刻不能没有理论思维。而要"形成和提升这方面的能力，就要全面掌握辩证唯物主义和历史唯物主义的世界观和方法论。这是领导干部练就过

1　《毛泽东文集》第 3 卷，人民出版社 1996 年版，第 394—395 页。
2　马克思：《资本论》第 3 卷，人民出版社 2004 年版，第 925 页。
3　《马克思恩格斯选集》第 3 卷，人民出版社 2012 年版，第 875 页。

硬本领的法宝，每个领导干部都要好好学习，全面掌握，提升能力"[1]。这也是我们党反复强调学哲学、用哲学尤其是马克思主义哲学的重要原因。

"学习理论最有效的办法是读原著、学原文、悟原理，强读强记，常学常新，往深里走、往实里走、往心里走，把自己摆进去、把职责摆进去、把工作摆进去，做到学、思、用贯通，知、信、行统一。"[2]作为科学的世界观和方法论，马克思主义哲学是我们认识世界、把握规律、追求真理、改造世界的强大思想武器，是中国共产党人的"真经"，只有念好"真经"，把握贯穿其中的立场、观点、方法，并用其观察时代、把握时代、引领时代，才能更好地"知"规律、"知"大局、"知"大势、"知"长远，才能全面深化从理论思维向战略谋划再向实践方略的正确转化，增强未来工作的系统性、预见性、创造性，才能更好地解决中国问题，掌握未来发展的主动权。"实践告诉我们，中国共产党为什么能，中国特色社会主义为什么好，归根到底是马克思主义行，是中国化时代化的马克思主义行。"[3]

为贯彻落实习近平总书记"原原本本学习和研读经典著作，

1　习近平：《推进党的建设新的伟大工程要一以贯之》，《求是》2019年第19期。

2　习近平：《坚持用马克思主义及其中国化创新理论武装全党》，《求是》2021年第22期。

3　习近平：《高举中国特色社会主义伟大旗帜　为全面建设社会主义现代化国家而团结奋斗——在中国共产党第二十次全国代表大会上的报告》，人民出版社2022年版，第16页。

努力把马克思主义哲学作为自己的看家本领"和"读原著、学原文、悟原理"的重要指示精神，我们以习近平总书记在重要讲话和报告中提到或引用的马克思恩格斯经典著作为蓝本，精心策划编辑了这套高质量、普及化的插图版辅导读本，以期为党员干部和高校师生学习经典、研读经典提供读本支撑。

目录

一、恩格斯为什么要写《社会主义从空想到科学的发展》?

《社会主义从空想到科学的发展》是科学社会主义的重要文献,是马克思主义经典著作的重要代表。亟须纠正工人阶级思想中的错误倾向、社会历史的变革推动理论发展、马克思主义理论自身呼唤"比以往更连贯的形式",是恩格斯撰写这本著作的主要原因,也反映了这本著作的写作背景。

1. 亟须纠正工人阶级思想中的错误倾向

恩格斯写作《社会主义从空想到科学的发展》一书的直接原因,是回应保尔·拉法格的请求。保尔·拉法格既是法国工人党的创始人之一,也是马克思的二女婿,在国际工人运动特别是法国工人运动中有着较大影响力,在马克思主义宣传方面发挥了重要作用。1882年4月初以前,拉法格一直作为政治流亡者生活在伦敦,并使马克思和恩格斯与法国社会主义者建

保尔·拉法格（1842—1911），19世纪末20世纪初法国和国际工人运动的著名活动家，杰出的马克思主义思想家和宣传家，法国工人党和第二国际的主要创建人之一，代表作有《马克思的经济唯物主义》（1885）、《宗教和资本》（1887）等

立了联系。他热切地关注法国的形势，并为法国报刊撰写了大量著作和文章。他察觉到法国工人阶级内部的非马克思主义倾向日渐抬头，急需一本较为通俗的理论著作加强马克思主义在群众中的宣传和普及，以纠正错误思潮在工人运动中进一步扩散的倾向。而恩格斯曾经在《反杜林论》一书中系统阐述过马克思主义的基本原理，引起了包括拉法格在内很多人的关注。在朋友兼国际共产主义运动的"战友"拉法格的请求下，恩格斯把《反杜林论》中"引论"第一章"概论"、第三编"社会主义"第一章"历史"和第二章"理论"整合，单独编成一本通俗的理论著作。正如恩格斯在《社会主义从空想到科学的发展》1882年德文第一版序言中所说的那样："我为我的朋友保尔·拉法格把这三章汇集在一起交给他译成法文，并增加了若干比较详细的说明。"[1]在《反杜林论》1885年序言中，恩格斯进一步解释："我为我的朋友拉法格把本书的三章（《引论》的第一章及第三编的第一、二两章）编成独立的小册子，以便译成法文出版；在法文版成为意大利文版和波兰文版所依据的文本之后，以《社会主义从空想到科学的发展》为名的德文版也刊行

---

[1]　《马克思恩格斯选集》第3卷，人民出版社2012年版，第745页。

19世纪中叶的法国首都巴黎

了。"[1] 在《社会主义从空想到科学的发展》1892年英文版导言中，恩格斯再次说明："根据我的朋友保尔·拉法格（现在是法国众议院里尔市的议员）的要求，我曾把这本书中的三章编成一本小册子，由他译成法文，于1880年出版，书名为《空想社会主义和科学社会主义》。"[2]

应该说，拉法格等人对法国工人思想状态的担忧绝非杞人忧天，而是基于法国社会的历史文化和现实背景作出的科学判断。法国是大革命的发源地和启蒙思想家的聚集地，首都巴黎又有"19世纪的首都"之美誉，其本身就孕育出了极为丰富的社会主义思想。不仅三位伟大的空想社会主义者之中的两位——圣西

1　《马克思恩格斯选集》第3卷，人民出版社2012年版，第384页。
2　《马克思恩格斯选集》第3卷，人民出版社2012年版，第751页。

让·约瑟夫·夏尔·路易·勃朗（1811—1882），法国小资产阶级社会主义者，历史学家，代表作有《劳动组织》（1839）等

门和傅立叶都出身法国，巴黎公社更是以"冲天的精神"推动社会主义思想与实践不断发展和进步。从社会主义发展史来看，法国在社会主义思想的演进过程中扮演着相当重要的角色。空想社会主义的代表人物摩莱里、加布里埃尔·马布利、巴贝夫、埃蒂耶纳·卡贝和布朗基，资产阶级和小资产阶级的庸俗社会主义代表人物蒲鲁东和路易·勃朗，基督教社会主义的代表人物拉梅耐、毕舍，"不伦不类的折中的社会主义"的代表人物勒鲁、孔西德朗等，都是法国人。

"繁花似锦"的社会主义思想之所以诞生并流行于法国，是法国以农业商业为主的资本主义发展模式、

路易·奥古斯特·布朗基（1805—1881），法国早期工人运动活动家、革命家，巴黎公社的传奇人物，巴黎公社议会主席

皮埃尔·约瑟夫·蒲鲁东（1809—1865），法国政论家、经济学家，小资产阶级社会主义者，无政府主义奠基人之一，代表作有《什么是财产？或关于法和权力的原理的研究》（1840）、《贫困的哲学》（1846）等

"第三等级"这一资产阶级和无产阶级的传统政治联盟与天主教文化共同作用的结果。在《社会主义从空想到科学的发展》1891年柏林版中，恩格斯以注释的形式总结道："科学社会主义的产生，一方面必须有德国的辩证法，同样也必须有英国和法国的发达的经济关系和政治关系……科学社会主义并不完全是德国的产物，而同样是国际的产物。"[1]和英国相比，法国工业革命的开展不仅起步晚，过程也缓慢而艰难。法国的无产阶级与其说是一个能够对社会进行社会主义改造的阶级，不如说是一个苦难深重的阶级。其社会主义思想一诞生，几乎就充满着"救世降临说"。因此，法国的社会主义一诞生就具有两重性。它既是"一声痛苦的呐喊"，也是一种对博爱精神的呼唤。它是一种"观念形态上"的社会主义。这种社会主义的理论家不是从社会的演变中寻找解决办法，而是从自己的头脑中构造出一个建设理想社会的计划，来反对悲惨的现实。而且，为了建造这个幻想中的城堡，他们对自己所处的时代究竟成熟到什么程度都丝毫不加考虑。法国社会主义思想这种"观念形态上"的特点，以及培育社会主义的思想和革命传统的多样性，都说明了有多少个理论家，也就有多少个理论体系。这种

1　《马克思恩格斯选集》第3卷，人民出版社2012年版，第746—747页。

《共产党宣言》德
文版

社会主义不是扎根于现实的、具体的，而是充斥着空想、混杂、不完善和封闭的。[1]

政治局势的迅速变化也对法国工人阶级思想造成了很大影响。马克思最初认为，法国社会主义思想之所以流派众多并能吸收小批工人阶级的拥护者，主要是由于工人阶级的不满情绪没有一个共同的集中点。1848 年发表的《共产党宣言》就是提供这样一个集中点的尝试。《宣言》在批判"形形色色的社会主义"的基础上，以崭新的世界观提出了科学的、真正的社会主义。但这对大多数的法国工人而言时机仍不够成熟。在 19 世纪中期，法国工人阶级的政治诉求仍在很大程度上与中产阶级的改革运动纠缠在一起。虽然很多社会主义者及其追随者在政治上是相对激进的，但"社会主义"总体上都是以一种社会改良计划的形式出现的，一般不会在人们头脑中唤起政治运动的想法。当时所谓的"社会主义者"几乎大部分都会先去打动人类的友爱之情，而不是去唤起阶级团结的精神。实际上，1847 年成立的共产主义者同盟之所以使用这一名称而非"社会主义者同盟"，也是因为在他们看来"社

---

[1]　参见［法］克洛德·维拉尔《法国社会主义简史》，曹松豪译，中共中央党校出版社 1992 年版，第 6—7、29 页。

1871 年 3 月 28 日，巴黎公社宣告成立。巴黎公社是人类历史上第一次无产阶级政权的伟大尝试。在《法兰西内战》中，马克思讴歌了"冲天的巴黎人"的历史首创精神

会主义"一词还带有较强的空想性质，不如"共产主义"一词更富有革命色彩。

  在《共产党宣言》等著作的启发下，无产阶级革命在欧洲各地接连爆发，但革命的失败表明，无产阶级还未拥有马克思恩格斯在《宣言》中所设想的强大能力，仍需要经历很长的时间才能掌握政权。尤其是在巴黎公社失败后，国际工人运动一度陷入低潮。西欧大部分地区都确立了代议制的政治统治模式，代议制政府以参政权为基础，使国家在表面上具有了政治民主的因素，进一步掩盖了资本主义社会的主要矛盾。因镇压巴黎公社而闻名，后任法兰西第三共和国总统的梯也尔甚至说："社会主义这些词已经在我国永远被埋葬了。"

路易·阿道夫·梯也尔（1797—1877），法国政治家、历史学家，1871—1873 年任法兰西第三共和国首任总统，残酷镇压了巴黎公社

然而，社会主义思想阵营内部的斗争不但没有停止，反而还有愈演愈烈的趋势。一度在工人阶级头脑中占据主导地位的马克思主义受到重创，"形形色色的社会主义"又一次活跃起来并试图挑战科学社会主义的合理性，特别是在小资产阶级的社会主义和无政府主义思想具有深厚社会经济基础的法国。在法国工人活动家盖得出版的共有6种专刊的《平等报》中，除了马克思主义观点之外，无政府主义和空想社会主义观点也见诸报端，反映出当时法国工人的思想状况十分复杂。

茹尔·盖得（1845—1922），法国工人运动和第二国际的著名领袖

虽然1879年于马赛召开的工人代表大会宣告了法国工人党的成立，但这并不意味着法国的社会主义思想实现了统一。盖得十分冷静地对当时工人阶级的思想状况评价道："我们工人阶级只有一小部分是集体主义者和共产主义者，而且是表面上的集体主义者和共产主义者。"他刚刚开始而且只是隐约地感到解决这个问题的必要性。这主要是由于马克思和恩格斯与包括盖得在内的马克思主义派领导人保持着直接的联系，他们通过私人接触、通信、发表文章，尤其是通过协助制订法国工人党的纲领等多种多样的方式致力于思想的澄清。在制订纲领的同时，《社会主义评论》分三部分连载了恩格斯整理补充、拉法格翻译的《空想社会主义和科学社会主义》。此外，法国工人运动的

领导力量也没有形成一致的看法。除了盖得和拉法格周围的革命的马克思主义力量之外，还存在着一个越来越明显地采取改良主义立场的集团。这个集团不久便在保尔·布鲁斯和贝努瓦·马隆的领导下形成"可能派"，三年之后导致了法国工人党的分裂。[1] 恩格斯一针见血地指出，错误思潮所造就的只能是"一种折中的不伦不类的社会主义"，"这种社会主义实际上直到今天还统治着法国和英国大多数社会主义工人的头脑，它是由各学派创始人的比较温和的批判性言论、经济学原理和关于未来社会的观念组成的色调极为复杂的混合物"。[2]

　　"繁花似锦"和"四分五裂"之间，往往只隔着一层薄薄的窗纱。法国的社会主义传统意识和丰富形式，难免会与民族主义相结合，导致法国社会主义的主要思潮进一步偏离科学社会主义的轨道。《空想社会主义和科学社会主义》在法国出版后，恩格斯还在致伯恩施坦的信中说道："许多法国社会主义者一想到以法兰西思想造福世界的、拥有思想垄断权的民族，文明中心的巴黎，现在忽然要接受德国人马克思的现成的社会主义思想，就觉得非常可怕。"[3] "如果您

1　参见薛俊强编著《恩格斯〈社会主义从空想到科学的发展〉研究读本》，中央编译出版社 2013 年版，第 29—30 页。

2　参见《马克思恩格斯选集》第 3 卷，人民出版社 2012 年版，第 789 页。

3　《马克思恩格斯全集》第 35 卷，人民出版社 1971 年版，第 221 页。

1864 年 9 月 28 日，国际工人协会成立

再考虑到法国人，特别是巴黎人只会把分歧理解为个人之间的分歧，您就会明白，这些先生们是怎样刚取得一些小小的成就便断定已经达到了目的，熊还没打死，就来分熊皮，并因此争吵起来。"[1] 即便是在巴黎公社内部，都至少有布朗基派和国际工人协会派两股势力存在。占多数的是"凭着革命的无产阶级本能的"布朗基派，占少数的是国际工人协会派，而其中的大部分还是"把法兰西银行视为神圣的"蒲鲁东派。[2]到了 19 世纪 80 年代，法国社会主义思想阵营内部初步形成了一些始终对立的宗派：工人党（盖得派）、中央革命委员会（布朗基派）、无政府主义派或自由主义派。[3] 对于法国社会主义思想这种繁盛与混乱交

---

[1]　《马克思恩格斯全集》第 35 卷，人民出版社 1971 年版，第 223 页。

[2]　参见《马克思恩格斯选集》第 3 卷，人民出版社 2012 年版，第 52 页。

[3]　参见［法］克洛德·维拉尔《法国社会主义简史》，曹松豪译，中共中央党校出版社 1992 年版，第 45 页。

织的状态及其深入工人阶级头脑的影响，拉法格和恩格斯都是十分清楚的。

　　实际上，法国社会主义的分裂至少有四点原因。第一，在经济方面，由于法国工业革命起步较晚、发展不均衡，法国工人阶级身处的环境差异较大。工业部门的新旧、工人技术的优劣、工资标准的高低、城市化规模的大小等不同，都导致法国工人阶级难以真正团结一致。第二，在社会心理方面，由于法国工业结构具有极端的复杂性，因而导致工人阶级的社会成分和思想状态非常混杂，导致有的工人组织更易于接受社会主义的各种派别。第三，法国历史上留下了形形色色的社会主义遗产，为分裂提供了思想基础。第四，在政治制度方面，代议制的第三共和国及其实行的自由，有利于社会主义的扩散；而镇压制度（如俾斯麦在德国实行的镇压制度）自然导致社会主义者统一起来，具有坚强有力的组织和纪律。加之，"捍卫共和国"作为一种神圣的义

法国大革命广泛传播了资产阶级共和国的政治方案与思想观念

务，使得工人阶级难于同"资产阶级共和国"决裂，甚至觉得这种决裂痛苦不堪，这就可能会抹杀其阶级

（上图）卡尔·欧根·杜林（1833—1921），德国哲学家、庸俗经济学家，小资产阶级社会主义的代表，代表作有《国民经济学和社会主义批判史》（1871）、《国民经济学和社会经济学教程，兼论财政政策的基本问题》（1873）和《哲学教程——严格科学的世界观和人生观》（1875）等

（下图）[德]杜林《哲学教程——严密科学的世界观和人生观》，郭官义、李黎译，商务印书馆1978年版

觉悟。[1] 而正是在这样的背景下，作为《社会主义从空想到科学的发展》原版的《空想社会主义和科学社会主义》，仍推动了马克思主义在法国的传播，对统一法国工人阶级的思想起到了很大帮助。如果没有这本宣传小册子，法国社会主义的分裂或许会更为快速。

在解决了法国工人阶级的燃眉之需后，改善和提升德国工人思想状况的任务也被恩格斯等人提上了日程。1878年，由于俾斯麦政府颁布了《反社会党人非常法》，德国社会主义工人党在极其困难的情况下进行革命活动。与此同时，杜林的错误思想在德国工人中也产生了很大影响，对无产阶级革命活动起到了消极作用。恩格斯在《社会主义从空想到科学的发展》1892年英文版导言中指出："德国社会党正在迅速成为一股力量。但是，要使它成为一股力量，首先必须使这个刚刚赢得的统一不受危害。可是，杜林博士却公然准备在他周围建立一个宗派，作为未来的独立政党的核心。因此，不管我们是否愿意，我们必须应战，把斗争进行到底。"[2] 为了进一步削弱社会民主党人的影响，俾斯麦从1881年底开始推行"甜点和皮鞭"的政策，

1　参见[法]克洛德·维拉尔《法国社会主义简史》，曹松豪译，中共中央党校出版社1992年版，第48页。

2　《马克思恩格斯选集》第3卷，人民出版社2012年版，第750页。

将血腥镇压与宣布实施社会改良配合起来，并伴随着大规模的思想宣传运动。资产阶级的思想家试图证明，已宣布的社会改良有助于解决"社会问题"，俾斯麦政府所实行的铁路国有化和计划实施的烟草垄断也是向社会主义的主动靠拢。他采取这些措施是要将工人阶级束缚在统治制度上，社会主义工人党面临着严峻的考验。

奥托·爱德华·利奥波德·冯·俾斯麦（1815—1898），德意志帝国首任宰相（1871—1890）

为了社会主义的目标，需要更大范围地争取工人，向遭受驱逐和迫害的年轻一代传授理论知识，并使大家都认识到工人阶级的斗争必须以自己的科学世界观为依据。因此，更深入地探究和宣传科学社会主义成为德国社会主义运动的当务之急。《社会民主党人报》作为德国社会主义工人党的正式机关报，承担着宣传科学社会主义学说的重要任务，马克思

费迪南德·拉萨尔（1825—1864），普鲁士著名的政治家、哲学家、法学家，全德工人联合会的创立者，国际共产主义运动中机会主义路线的重要代表，代表作有《弗兰茨·冯·济金根》（1859）、《给筹备莱比锡全德工人代表大会的中央委员会的公开答复》（1863）等

主义力量和机会主义力量在此开展了激烈的斗争。马克思主义派的人们认为现有的社会民主党人著作的大部分，包括拉萨尔的著作都已不再适用，倒不如出版一部小册子，从通俗地描述当今的腐朽状态出发，用生动通俗的语言向所有感兴趣的人阐明社会主义的最终目标，以匡正对社会主义本身的种种歪曲。在这种情况下，1882年7月初，伯恩施坦向恩格斯提出建议，出版《空想社会主义和科学社会主义》的德文版来满

爱德华·伯恩施坦
（1850—1932），德
国社会民主主义理论
家及政治家，修正主
义的代表性人物，代
表作有《社会主义的
前提和社会民主的任
务》（1899）等

足对新的宣传著作的普遍要求，"或许再加上一篇简短的分析俾斯麦社会主义的结束语"。恩格斯在复信中说，"关于**德文**版《空想社会主义和科学社会主义》，我也早就在考虑，特别是自从我看到这本书在许多优秀的法国人的头脑中引起了真正的革命以来。我高兴的是我们在这方面的意见一致。"[1]

从一开始，恩格斯就清楚出版他的小册子的德文版有些困难："写一个比较简练的德文本，比起那个写得比较自由的法文本来，困难要大得多。把这个东西写得通俗而又不损害内容，也就是要使它能够成为人人易懂的宣传性的小册子，任务是艰巨的"[2]。恩格斯并不是简单地照着《反杜林论》来写，他写出了一份新的付印手稿，这份手稿很可能是以为《空想社会主义和科学社会主义》的翻译所起草的草稿为基础的。他采用了法文本的结构及所有的特别是第三节中重要的补充，其中包括结尾处的概述。此外，恩格斯还对全文进行了认真细致的修改。他告诉德国社会民主党的领导人奥古斯特·倍倍尔，《反杜林论》的头两章被"大加修订和通俗化"了。与法国工人相比，德国工人关于社会主义和共产主义先驱的知识要少得多。恩格斯认为让德国工人了解科学社会主义的来源

1　《马克思恩格斯全集》第35卷，人民出版社1971年版，第343页。
2　《马克思恩格斯全集》第35卷，人民出版社1971年版，第343页。

具有十分重要的意义。标题的改动可能也是出于这个愿望。在着眼于社会主义向科学"发展"的同时，他还强调了对理论先驱们的延续性。在谈到空想社会主义和德国古典哲学的主要代表人物的序言中他特别指出了这一点。恩格斯着眼于德国工人运动的历史并以这种方式强调历史唯物主义的延续性和新的特质，同时向国际工人运动的先锋——德国工人运动阐明了无产阶级世界观的科学性。1883年，本书以"社会主义从空想到科学的发展"为标题在苏黎世出版。从此以后，德文版主要用作翻译成其他语言的基础。

　　恩格斯的《社会主义从空想到科学的发展》一书适应了德国工人阶级的思想实际。该书在附录部分收入恩格斯写的《马尔克》一文，阐述了德国土地所有制产生和发展的历史，是马克思主义唯物史观形成过程中的一部重要文献。恩格斯将《马尔克》收入了《社会主义从空想到科学的发展》的四个德文版和1892年英文版。他在1892年英文版导言中指出："附录《马尔克》是为了在德国社会党内传播关于德国土地所有制的历史和发展的一些基本知识而写的。这是非常必要的，因为当时党在团结城市工人的工作方面已经完成在望，又要着手进行农业工人和农民的工作。"[1]在写作过程中，恩格斯利用了他研究德意志人早期历

─────────────

1　《马克思恩格斯选集》第3卷，人民出版社2012年版，第752页。

史所收集的材料，尤其是对格·路·毛勒的著作反复进行了批判性的研究，获得了不少新的认识。恩格斯从 1882 年起，就建议拉法格根据包括《马尔克》在内的德文版出版新的法文版。可以看出，恩格斯认为在修订德文版时所作的改动和补充是十分必要的。[1]

事实证明，《社会主义从空想到科学的发展》德文版达到了预期效果。1883 年 3 月 21 日柏林王室警察总监命令禁止出版这部小册子。尽管如此，恩格斯的著作仍然特别迅速地传播开来。在该书 1891 年德文第四版序言中，恩格斯指出："我曾经预料，这篇论文的内容对我们的德国工人来说困难是不多的，现在这个预料已被证实。至少从 1883 年 3 月第一版问世以来已经印行了三版，总数达 1 万册，而且这是在现今已寿终正寝的反社会党人法的统治下发生的事情。同时，这也是一个新的例证，说明警察的禁令在像现代无产阶级的运动这样的运动面前是多么软弱无力。"[2] 通过论述科学社会主义的基础和特征，恩格斯不仅满足了德国工人运动的迫切需要，而且还满足了国际工人运动的迫切需要。在随后几年中根据德文版出版了许多种译本这一事实，也充分说明了这一点。

1　参见薛俊强编著《恩格斯〈社会主义从空想到科学的发展〉研究读本》，中央编译出版社 2013 年版，第 45、46、48 页。

2　《马克思恩格斯选集》第 3 卷，人民出版社 2012 年版，第 748 页。

2. 社会历史的变革推动理论发展

"现代社会主义……同任何新的学说一样，它必须首先从已有的思想材料出发，虽然它的根子深深扎在物质的经济的事实中。"[1] 恩格斯写作《社会主义从空想到科学的发展》一书的根本原因在于：社会历史条件的变化使社会主义已然从空想走向了科学。

社会主义从空想到科学，首先是社会历史发展的产物。"社会主义"一词的诞生早于对它的命名。"社会主义"（Socialisme）一词，是一位名不见经传的意大利作家吉尤拉尼于 1803 年发明创造的，但它一开始却并未引起世人的注意。在法国，到 1831 年，"社会主义"才首次出现在一家名字带有预见性的耶稣教日报《播种者》上。1832 年 2 月和 1833 年 4 月，"社会主义者"的机关报——圣西门派的《环球》和傅立叶派的《法伦斯泰尔》先后使用了"社会主义"一词；自诩发明这个新词的皮埃尔·勒鲁只是在 1834 年再造此词。但"社会主义"最初采用的含义仅仅是一个与个人主义相对立的道德观念。只是到了 19 世纪 40 年代，社会主义才具有该词的现代含义。[2]

《社会主义从空想到科学的发展》的重点内容是

1　《马克思恩格斯选集》第 3 卷，人民出版社 2012 年版，第 775 页。
2　参见 [法] 克洛德·维拉尔《法国社会主义简史》，曹松豪译，中共中央党校出版社 1992 年版，第 1 页。

恩格斯运用唯物史观对社会历史发展进程的简要概述和分析。而恩格斯之所以要完成这项任务，根本上是因为"新的事实迫使人们对以往的全部历史作一番新的研究"，他对此"也不能再置之不理了"。[1]恩格斯这里所说的"新的事实"，特指"在历史观上引起决定性转变的历史事实"。这一方面包括法国里昂工

19世纪30年代，法国里昂工人两次起义

---

[1]　参见《马克思恩格斯选集》第3卷，人民出版社2012年版，第796页。

人起义、英国宪章运动等阶级斗争运动，另一方面也包括资产阶级政治统治在欧洲各国的确立及巩固。[1]这两方面的历史事实无情地打破了空想社会主义者的美好幻想。在资产阶级统治之下，社会的物质财富总量确实在增加，而社会贫富分化却越来越严重，"穷者愈穷、富者愈富"成为一种普遍的社会现象。"事实日益令人信服地证明，资产阶级经济学关于资本和劳动的权益一致、关于自由竞争必将带来普遍和谐和人民的普遍福利的学说完全是撒谎。"[2]从空想社会主义向科学社会主义发展的过程，是社会主义思想与实践的依据由"天才头脑的偶然发现"向历史事实的客观结论转变的过程，并且这种结论是建立在当时当地的物质利益关系的基础之上的。从根本上说，社会主义从空想到科学的发展，也是建立在经济关系的发展变革的基础之上的。这既是一个理论问题，更是一个实践问题。

　　站在唯物史观的立场上，向读者辩证地呈现空想社会主义的历史意义是恩格斯的写作意图之一。1839年，经济学家日洛姆·布朗基（巴黎公社领袖布朗基的哥哥）在他的著作《政治经济学史》中，首次把圣

1　参见《马克思恩格斯选集》第3卷，人民出版社2012年版，第795页。

2　《马克思恩格斯选集》第3卷，人民出版社2012年版，第795—796页。

（上图）托马斯·康帕
内拉（1568—1639），
意大利文艺复兴时
期的空想社会主义
者，哲学家，作家，
代表作有《太阳城》
（1623）、《形而上
学》（1638）等
（下图）《太阳城》
（康帕内拉著，商务
印书馆2011年版）。
《太阳城》提出的空
想共产主义的体系，
是嗣后诸多空想社
会主义体系的雏形

西门、傅立叶和欧文等人称为"空想社会主义者"。这个称号一经马克思和恩格斯在《共产党宣言》中采用，便成为一种具有深远影响力的历史性范畴。空想社会主义作为一种不成熟的理论，是同不成熟的资本主义生产状态和阶级状态相适应的。"社会主义"一词在诞生之初，其主要是指通过合作以实现全体人类幸福的目标的集体管理制度，所强调的重点不在于劳资之间的斗争，更不在于"政治"。到了后来，"只要所强调的是共同生活、集体所有制、以社会道德为中心内容的教育，或者主张对规范人类生活的习惯和制度等客观条件进行集体的社会计划和控制"，几乎都会被冠以"社会主义"之名。[1] 这是因为资本主义生产方式及随之而来的资产阶级和无产阶级的对立虽然存在，但在当时还没有得到充分发展。"解决社会问题的办法还隐藏在不发达的经济关系中，所以只能从头脑中产生出来。社会所表现出来的只是弊病，消除这些弊病是思维着的理性的任务。"[2] 从16、17世纪莫尔、康帕内拉和安德里亚对理想社会制度的空想描写，到

1　参见［英］柯尔《社会主义思想史》第1卷，何瑞丰译，俞
　　大畏校，商务印书馆1977年版，第10、14页。
2　《马克思恩格斯选集》第3卷，人民出版社2012年版，第
　　780—781页。

18世纪摩莱里和马布利依据理论推演出的共产主义社会，再到19世纪初三位伟大的空想社会主义者及其学说，本质上都将社会主义视为脱离于时间、空间和人类历史发展的绝对真理，试图从精神层面感召资本主义社会进行自我改造。

　　然而，在资本主义社会，以资产阶级的种种学说为基础，单纯地依靠社会改良实验和资本家的同情怜悯，是无法实现人类真正意义上的自由、平等与博爱的。科学社会主义同空想社会主义及其他社会主义的重要区别在于——"它的任务不再是构想出一个尽可能完善的社会制度，而是研究必然产生这两个阶级及其相互斗争的那种历史的经济的过程；并在由此造成的经济状况中找出解决冲突的手段。"[1]无论是圣西门、傅立叶还是欧文，他们基本没有想到资本家和工人作为两个在经济上对抗的阶级进行斗争，更不曾设想过实现他们的计划需要无产阶级和资产阶级之间大规模的阶级斗争。"就是这样，傅立叶日复一日、年复一年地徒然坐待资本家响应他的鼓吹自愿地对他所倡导的公社提供资金；而欧文则把他本人和朋友的钱财投入他的'合作村'，并且不断地寻找能

（上图）摩莱里（1717—1778），法国空想社会主义者，代表作有《巴齐里阿达》《自然法典》等

（下图）摩莱里法学著作《自然法典》第一版的里封。该书集中阐述了作者自己的哲学思想和社会史观——认为存在一种永恒不变的理性，作者亦是理性论的典型代表

1　《马克思恩格斯选集》第3卷，人民出版社2012年版，第796页。

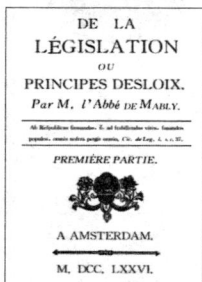

（上图）马布利（1709—1785），法国著名政治家、理论家和历史学家，代表作有《论法制或法律的原则》（1776）等

（下图）马布利著作《论法制或法律的原则》的初版封面

够理解其理想的美妙之处的富翁。圣西门也梦想得到富翁们的支援。"[1]当工人阶级完成从"自在"到"自为"的转变、工人运动从分散走向联合以后，三大空想社会主义者的思想更是逐渐成为宗派教义式的、绝对真理般的存在，给无产阶级革命运动造成了负面影响。恩格斯意图通过事实向读者们证明：只有当生产力的发展引导生产方式发生变革之时，社会主义才能向科学的方向迈进。而从外部强加于社会的详尽制度，从一开始就注定要成为空想，失败是其必然的结局。

在恩格斯看来，三位伟大的空想社会主义者——圣西门、傅立叶和欧文的出现是偶然的。因为他们并非是作为无产阶级利益的代表出现的，而是站在如何立即解放全人类的立场上展开活动的。"这种天才人物在500年前也同样可能诞生，这样他就能使人类免去500年的迷误、斗争和痛苦。"[2]在此基础上，恩格斯认为三大空想社会主义者的出现并不是从历史发展的联系中必然产生的、不可避免的事情，而纯粹是一种侥幸现象。但是，对于他们为社会主义思想与实践所作出的巨大贡献，恩格斯仍给予了高度评价，如

1　[英]柯尔：《社会主义思想史》第1卷，何瑞丰译，俞大畏校，商务印书馆1977年版，第12页。

2　《马克思恩格斯选集》第3卷，人民出版社2012年版，第778页。

称赞圣西门具有"天才的远大眼光"等。在《德国农民战争》1870年第二版序言的补充中，恩格斯就曾说："虽然这三个人的学说含有十分虚幻和空想的性质，但他们终究是属于一切时代最伟大的智士之列的，他们天才地预示了我们现在已经科学地证明了其正确性的无数真理。"[1] 可以说，在科学社会主义诞生之后，对空想社会主义者及其思想进行历史的、全面的、辩证的总结和评价，是恩格斯写作此书的重要目的之一。

"为了使社会主义变为科学，就必须首先把它置于现实的基础之上。"[2] 恩格斯在这里所说的"现实"，指的是生产力的快速发展及其所带来的生产关系的变化，即工业革命的发生与无产阶级同资产阶级斗争的事实。19世纪70年代，随着科学技术的迅速发展，以西欧、北美为中心的第二次工业革命日渐兴起。在交通和通信技术进步的推动下，由殖民扩张建立起来的世界市场正式形成，为工业生产创造了前所未有的需求，也推动了工业规模的扩大、新工业部门的诞生和工人数量的增加。如果说此前，无产阶级"还完全无力采取独立的政治行动，它表现为一个无力帮助自己，最多只能从外面、从上面取得帮助的受压迫的受苦的等级"[3]，到了19世纪末，情况已经发生了很大

1 《马克思恩格斯选集》第3卷，人民出版社2012年版，第37页。
2 《马克思恩格斯选集》第3卷，人民出版社2012年版，第789页。
3 《马克思恩格斯选集》第3卷，人民出版社2012年版，第780页。

第二次工业革命时期工厂生产的场景

的变化。著名的马克思主义历史学家霍布斯鲍姆描绘了这一时期的历史图景："在所有被西方资本主义浪潮淹没甚或包围的国家，以劳力赚取工资度日的人数正在不断增加——从南美巴塔哥尼亚（Patagonia）的大牧场和智利的硝酸盐矿场，一直到西伯利亚东北冰天雪地里的金矿区（大战前夕，此处发生大规模的罢工和屠杀）。在任何需要建筑工事，或需要在19世纪已不可或缺的市政服务和公共事业（如瓦斯、供水和秽物处理）的地方，在任何将全球经济连为一体的港口、铁路和电报到达的地方，都可

工人的罢工集会随着第二次工业革命的蓬勃发展开始增多

看到他们的身影。"[1] 恩格斯在《社会主义从空想到科学的发展》1892 年英文版导言中就谈道:"工业革命创造了一个大工业资本家的阶级,但是也创造了一个人数远远超过前者的产业工人的阶级。随着工业革命逐步波及各个工业部门,这个阶级在人数上不断增加;随着人数的增加,它的力量也增强了。"[2] 如果说工人数量增多是尽人皆知的事实,那么在唯物史观和剩余价值学说的视域之下,这种量的变化将会导向质的飞跃,即无产阶级与资产阶级之间的斗争更加激烈的时代即将来临。科学社会主义的传播与普及将是引发质变的关节点。

第二次工业革命虽然加速了生产社会化的过程,并在一定程度上改善了部分工人阶级的生活状况,但与此同时,资本家也通过各种方式加强了对工人剩余价值的剥削,资本集中的趋势进一步加强。资本主义开始进入垄断阶段,资产阶级和无产阶级之间的矛盾愈发尖锐。具体到工人阶级的层面,"阻碍重重的自由劳动的发展导致一个悖论出现:只有当工人一方形成谈判垄断组织来限制市场自由时,工人个体才被给予自由来摆脱劳动力购买方的控制手段。"[3] 社会化

1　[英]霍布斯鲍姆:《帝国的年代:1875—1914》,贾士蘅译,江苏人民出版社 1999 年版,第 137 页。

2　《马克思恩格斯选集》第 3 卷,人民出版社 2012 年版,第 768 页。

3　[德]于尔根·奥斯特海默:《世界的演变:19 世纪史》第 3 册,强朝晖、刘风译,社会科学文献出版社 2016 年版,第 1310 页。

大生产和资本主义私人占有的不相容性进一步增强。

在欧洲工人运动蓬勃发展的过程中，马克思主义以其理论的科学性和现实的有用性，逐渐成为部分工人阶级进行斗争的指导思想。随着资本主义大工业的发展和工人数量的增多，工人阶级的阶级意识开始萌动，然而这种意识在初次化为行动之时往往是十分直接的：如试图捣毁机器的卢德运动，针对工厂经营者的暴力反抗，等等。一般而言，具备了一定阶级意识的工人组织最初倾向于对抗直接的经济对头。尽管这在一定范围内是卓有成效的，但对于无产阶级和整个社会而言，效果则是微乎其微的。斗争即使再英勇无畏，没有科学学说的指导，也就没有胜利的前景。这就呼唤无产阶级自觉接受科学理论的指导。1874 年，恩格斯就在《德国农民战争》序言中强调："特别是领袖们有责任越来越透彻地理解种种理论问题，越来

1811 年卢德运动形成高潮，这是英国工人以破坏机器为手段反对工厂主压迫和剥削的自发工人运动

越彻底地摆脱那些属于旧世界观的传统言辞的影响，并且时刻注意到：社会主义自从成为科学以来，就要求人们把它当做科学来对待，就是说，要求人们去研究它。"[1]过去，社会主义还仅仅接触到资产阶级自由派小团体，社会主义的理论家们无视工人的斗争便向空想社会主义进军。随着工人阶级在斗争中逐渐觉醒，掌握思想理论的知识分子逐渐开始关注工人群体。这其中既有资产阶级的知识分子，也有无产阶级和半无产阶级的知识分子。社会主义第一次经由知识分子到工人中间去传播，这也反过来促进了社会主义思想的更新。

总之，恩格斯深刻地阐明了科学社会主义的理论基础。他在概括唯物主义历史观的基本思想时写道："以往的**全部**历史，除原始状态外，都是阶级斗争的历史；这些互相斗争的社会阶级在任何时候都是生产关系和交换关系的产物，一句话，都是自己时代的**经济**关系的产物；因而每一时代的社会经济结构形成现实基础，每一个历史时期的由法的设施和政治设施以及宗教的、哲学的和其他的观念形式所构成的全部上层建筑，归根到底都应由这个基础来说明。"[2]恩格斯指出，作为科学社会主义理论基础的唯物主义历史

1　《马克思恩格斯选集》第3卷，人民出版社2012年版，第38页。
2　《马克思恩格斯选集》第3卷，人民出版社2012年版，第796页。

观是马克思发现的。马克思运用唯物史观研究资本主义，发现资本主义剥削剩余价值，揭示资本主义生产的秘密，使社会主义从空想变成了科学。因此，马克思是当之无愧的科学社会主义创始人。科学社会主义的根源，深藏在经济的事实中。他详尽地分析了资本主义基本矛盾的产生和发展，论述了周期性经济危机的原因、特点和实质，揭示了资本主义必然灭亡、共产主义必然胜利的规律，阐明了无产阶级作为资本主义社会掘墓人和社会主义社会创造者的伟大历史使命。在无产阶级运动的理论表现——科学社会主义的指导下，无产阶级将胜利地完成解放世界的事业。

3. 马克思主义理论自身呼唤"比以往更连贯的形式"

更加简要、连贯、精炼地阐述马克思主义理论，是恩格斯写作《社会主义从空想到科学的发展》的重要原因。

《社会主义从空想到科学的发展》是恩格斯对《反杜林论》的摘录和补充，而《反杜林论》首先就是恩格斯建立马克思主义整体性的一种尝试。这本书第一次全面系统地阐述了马克思主义的三个组成部分：哲学、政治经济学和科学社会主义。列宁在《马克思主义的三个来源和三个组成部分》一文中，沿用了恩

格斯的这一划分。对于这种划分，要
认识到马克思主义作为"解释世界和
改造世界相统一"的学说，是以现实
社会发展的实践和问题为中心，而非
以学科为中心来建立自己的思想体系
的。在马克思恩格斯那里，哲学、经
济学和科学社会主义三个组成部分之
间是有机融合、浑然一体的。从恩格

《反杜林论》德文版

斯本人思想发展的原初语境看，他也无意于构造一个
哲学（抑或经济学或者科学社会主义）的庞大体系，
他的任务在于通过揭示资本主义社会的内在矛盾，为
无产阶级和人类解放寻找现实路径。

　　尽管《反杜林论》在形式上确实分为哲学篇、
政治经济学篇和社会主义篇三个部分，但应该注意的
是，恩格斯并非有意将马克思主义区分为这三个组成
部分。恩格斯写作的主要目的不是系统地阐述马克思
主义的理论体系，而是批判杜林的思想体系，即《反
杜林论》是根据杜林的思想体系而设置并逐一批判
的。虽然杜林的理论漏洞百出，但由于这种理论是以
某种体系的形式呈现出来的，仍然具有一定的欺骗
性。因此，恩格斯要批判杜林的谬误，也必须运用整
体化、体系化的马克思主义才能增强说服力。正如恩
格斯在《反杜林论》序言中所写的："这种新的社会
主义理论是以某种新哲学体系的最终实际成果的形式

出现的。因此，必须联系这个体系来研究这一理论，同时研究这一体系本身；必须跟着杜林先生进入一个广阔的领域，在这个领域中，他谈到了所有可能涉及的东西，而且还不止这些东西。"[1]"'创造体系的'杜林先生在当代德国并不是个别的现象。近来，天体演化学、一般自然哲学、政治学、经济学等等的体系如雨后春笋出现在德国。最不起眼的哲学博士，甚至大学生，动辄就要创造一个完整的'体系'。"[2]"本书所批判的杜林先生的'体系'涉及非常广泛的理论领域，这使我不能不跟着他到处跑，并以自己的见解去反驳他的见解。因此消极的批判成了积极的批判；论战转变成对马克思和我所主张的辩证方法和共产主义世界观的比较连贯的阐述，而这一阐述包括了相当多的领域。"[3]马克思主义总是在和其他理论学说的论战之中不断完善自身，这一点在《反杜林论》的写作上体现得尤为明显。

如果说恩格斯在《反杜林论》中还没有自认为要以马克思主义的体系与其他"体系"相对立，那么在《社会主义从空想到科学的发展》中他则公开说明了写作目的。在《社会主义从空想到科学的发展》1892年英文版导言中，恩格斯说："这本小册子本来是一

1　《马克思恩格斯选集》第3卷，人民出版社2012年版，第380页。
2　《马克思恩格斯选集》第3卷，人民出版社2012年版，第380页。
3　《马克思恩格斯选集》第3卷，人民出版社2012年版，第383页。

本大书的一部分。大约在 1875 年，柏林大学非公聘讲师欧·杜林博士突然大叫大嚷地宣布他改信社会主义，不仅向德国公众提出一套详尽的社会主义理论，而且还提出一个改造社会的完备的实际计划。当然，他竭力攻击他的前辈，首先选中了马克思，把满腔怒火发泄在他的身上。"[1]恩格斯认为杜林体系的建构实际上是德国人普遍的深思精神的体现。"当我们每个人在阐述他认为是新学说的那种东西的时候，他首先要把它提炼为一个包罗万象的体系。他一定要证明，逻辑的主要原则和宇宙的基本规律之所以存在，历来就是为了最后引到这个新发现的绝妙理论上来。在这方面，杜林博士已经完全达到这种民族标准了。……我不得不涉及所有各种各样的问题……无论如何，我的对手的包罗万象的体系，使我有机会在同他争论时用一种比以往更连贯的形式，阐明马克思和我对这些形形色色的问题的见解。"[2]应该说，恩格斯以一种"比以往更连贯的形式"进行写作，不只是因为其批判对象的理论是体系化的，更重要的是马克思主义从理论走向实践，也不可避免地需要通俗化、系统化以保持自身的生机活力。

巴黎公社失败后，国际工人运动陷入了低潮，社

---

[1]　《马克思恩格斯选集》第3卷，人民出版社2012年版，第750页。
[2]　《马克思恩格斯选集》第3卷，人民出版社2012年版，第750—751页。

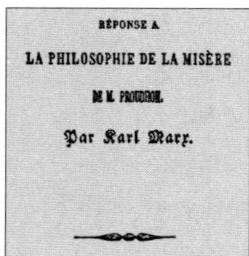

《哲学的贫困》法文版

会主义思想也处于四分五裂的状况。但第二次工业革命依然如火如荼地进行着，工人的数量仍在不断增加，这昭示着工人阶级力量被削弱只是暂时的，各国的革命运动仍迫切需要马克思主义理论指导。然而在法国，马克思和恩格斯的多部著作都没有被翻译成法文，《哲学的贫困》和《资本论》也只有少部分知识分子接触到。马克思主义理论著作在当时的法国几乎无人知晓，甚至在工人党的领袖中都鲜为人知。在这种情况下，"普及宣传马克思主义如同一切基础教育那样，要求简明扼要，要求图解形式，尤其是因为马克思主义是一种崭新的极其复杂的理论。"[1]在法语国家特别是法国，经拉法格的翻译和法国工人党的理论宣传，马克思主义的基本观点和重要结论以通俗化形式呈现给了法国工人阶级，《社会主义从空想到科学的发展》法文版取得了巨大的成功。当恩格斯着手编写德文版时，却感觉到了一定的压力。在1882年德文版第一版序言中，恩格斯说："这一著作原来根本不是为了直接在群众中进行宣传而写的。这样一种首先是纯学术性的著作怎样才能适用于直接的宣传呢？在形式和内容上需要作些什么修

1　[法]克洛德·维拉尔：《法国社会主义简史》，曹松豪译，中共中央党校出版社1992年版，第51页。

改呢？"[1]在形式方面，恩格斯删去了《反杜林论》中一些不必要的外来语，"在内容方面，我可以肯定地说，对德国工人来说困难是不多的。总的说来，只有第三部分是困难的，但是对工人，比对'有教养的'资产者，困难要少得多，因为这一部分正是概括了工人的一般生活条件。"[2]可以说，恩格斯写作《社会主义从空想到科学的发展》一书的目的，既包含学术上对理论完整性的追求，也包含了现实上对通俗易懂性的考量。

1　《马克思恩格斯选集》第3卷，人民出版社2012年版，第745页。
2　《马克思恩格斯选集》第3卷，人民出版社2012年版，第746页。

二、《社会主义从空想到科学的发展》是一本什么样的书？

《社会主义从空想到科学的发展》是由恩格斯于1878年在莱比锡出版的论战性著作——《欧根·杜林先生在科学中实行的变革》（又称《反杜林论》）一书"理论部分中最重要的部分"[1]，即"引论"的第一章"概论"，第三编"社会主义"的第一章"历史"和第二章"理论"，集合而成的一本通俗性小册子。

《反杜林论》，人民出版社2018年版

恩格斯在此基础上"增加了若干比较详细的说明"[2]，校阅后以《空想社会主义和科学社会主义》为题，于1880年以法文的形式发表在法国社会主义杂志《社会主义评论》上并于同年在巴黎印制单行本出版。1882年，该书出版德文第一版单行本时将书名改为

---

1 《马克思恩格斯文集》第3卷，人民出版社2009年版，第493页。
2 《马克思恩格斯文集》第3卷，人民出版社2009年版，第494页。

现今标题。那么，究竟《社会主义从空想到科学的发展》是一本什么样的书呢？要探讨并解决这一问题，除了把握《社会主义从空想到科学的发展》写作与成书的历史缘由以在历史中获取全面的背景知识之外，还需要对《社会主义从空想到科学的发展》进行文本考察，掌握该书的文本结构、内在逻辑、国际影响以及在中国传播的基本情况。

1880 年 5 月底，《社会主义从空想到科学的发展》首次以单行本形式在法国巴黎出版，书名为《空想社会主义和科学社会主义》

1.《社会主义从空想到科学的发展》的文本结构

从结构上看，《社会主义从空想到科学的发展》由"马克思写的 1880 年法文版前言"，恩格斯所写的"1882 年德文第一版序言""1891 年德文第四版序言""1892 年英文版导言"和正文三个部分构成。

"马克思写的 1880 年法文版前言"：在此篇前言中，马克思首先称赞恩格斯为"当代社会主义最杰出的代表人物之一"[1]，并对 1844 年以来恩格斯的革命经历及其重要著作进行简明扼要的介绍。马克思还

1　《马克思恩格斯文集》第 3 卷，人民出版社 2009 年版，第 491 页。

高度评价恩格斯所著的《社会主义从空想到科学的发展》一书，在前言中给予其"科学社会主义的入门"[1]的高度赞扬。

"1882年德文第一版序言"：在此篇序言中，恩格斯说明了《社会主义从空想到科学的发展》的成书及出版过程，并交代德文单行本的出版缘由。接着，恩格斯讲述为将这本"纯学术性的著作"改写为宣传性著作在形式和内容上作出的修改情况。最后，恩格斯还指出科学社会主义与德国古典哲学的内在关联。因为只有借助辩证法，才能阐释清楚"唯物主义历史观及其在现代的无产阶级和资产阶级之间的阶级斗争"[2]。因此，科学社会主义只能产生在保存着自觉的辩证法传统的德国，其"本质上就是德国的产物"[3]。

"1891年德文第四版序言"：在此篇序言中，恩格斯介绍了《社会主义从空想到科学的发展》第一版问世以来的印行数量及几种外文译本。恩格斯接着指出对德文第四版所作的重要的补充：在第一章丰富了圣西门的社会主义思想；在第三章增添了"托拉斯"的相关内容。

"1892年英文版导言"：在此篇导言中，恩格斯

1　《马克思恩格斯文集》第3卷，人民出版社2009年版，第493页。

2　《马克思恩格斯文集》第3卷，人民出版社2009年版，第495—496页。

3　《马克思恩格斯文集》第3卷，人民出版社2009年版，第495页。

首先介绍《社会主义从空想到科学的发展》的写作背景、成书经过、出版情况、传播状况。其次，恩格斯梳理了现代唯物主义在英国的产生及发展进程，指出在英国宣扬历史唯物主义具有重要价值。恩格斯还阐述了资产阶级反对封建制度的三次大决战，揭示了工业革命后无产阶级反对资产阶级的斗争历程。恩格斯指出，资产阶级在历史发展中不可避免地走向反动，资产阶级借由宗教反对无产阶级，然而"宗教也不能永保资本主义社会的平安"[1]。无产阶级的革命潮流必将冲破资产阶级的禁锢，无产阶级将担负起推翻资产阶级统治的历史使命。最后，恩格斯还强调欧洲工人阶级的胜利，需要各个国家的无产阶级共同行动起来。

正文第一部分：本部分由《反杜林论》中"引论"的"概论"的一部分与第三编"社会主义"的第一章"历史"的相关内容改写而成。在该部分，恩格斯首先阐明科学社会主义不仅扎根于物质的经济的事实，而且是从已有的思想材料出发，具有物质来源和思想来源。其次，恩格斯阐述了空想社会主义产生的历史条件、发展历程，分析了 19 世纪初圣西门、傅立叶、欧文三大空想社会主义者的思想理论，科学地评价了三大空想社会主义者思想的理论贡献及历史局限。最后，恩格斯总结到，空想社会主义的革命性与进步性

1　《马克思恩格斯文集》第 3 卷，人民出版社 2009 年版，第 521 页。

《圣西门选集》（克劳德·昂利·圣西门著，商务印书馆1979年版），第一卷收文主要有：《一个日内瓦居民给当代人的信》《生平自述》《人类科学概论》《论万有引力》《给一个美国人的信》《加强实业的政治力量和增加法国的财富的制宪措施》等

《欧文选集》（罗伯特·欧文著，商务印书馆1979年版），第二卷收录欧文19世纪30—40年代的重要著作《新和谐公社组织化》《新道德世界书》《人类思想和实践中的革命》以及欧文的重要讲话和书信等

《傅立叶选集》（夏尔·傅立叶著，商务印书馆1982年版），第三卷主要是他对商业、政治、革命、哲学、无政府状态等的一些看法

已日渐减退，"为了使社会主义变为科学，就必须首先把它置于现实的基础之上"[1]。

　　正文第二部分：本部分由《反杜林论》中"引论"的"概论"的后半部分内容改写而成。在该部分，恩格斯在系统考察西方哲学发展史的基础上，指出辩证法和形而上学这两种思维方式的本质区别，并阐述唯物辩证法和唯物史观的生成过程、基本思想及价值意蕴。同时，恩格斯指出，在唯物史观的思维方式下，

1　《马克思恩格斯文集》第3卷，人民出版社2009年版，第537页。

马克思发现了剩余价值学说，揭破了资本家剥削压榨工人的秘密，揭开了资本主义生产和资本生产的过程。而唯物史观和剩余价值学说的发现，使得社会主义从空想变为科学，科学社会主义由此创立。

正文第三部分：本部分由《反杜林论》中第三编"社会主义"的第二章"理论"改写而成。在该部分，恩格斯论述唯物主义历史观的基本原理，简述资本主义社会的历史进程，并揭示了科学社会主义的基本原理。该部分主要阐发的基本原理包括：资本主义基本矛盾及其表现、资本主义经济危机、资本主义必然灭亡和社会主义必然胜利、无产阶级革命的道路和途径、未来社会的基本特征、阶级和国家消亡、无产阶级的历史使命，等等。

2.《社会主义从空想到科学的发展》的内在逻辑

《社会主义从空想到科学的发展》是恩格斯批判杜林的"社会主义"错误思想、向工人阶级阐述和宣传科学社会主义的独立的、通俗的科学社会主义读物。该书划清了科学社会主义与空想社会主义的界限，阐明了科学社会主义的"科学性"，是恩格斯研究社会主义之"科学性"的理论成果。该书以社会主义之"科学性"为逻辑主线，分别通过"社会主义为何要从空

想发展为科学""社会主义何以可能从空想发展为科
学""社会主义从空想发展为科学如何体现"这三重
层层递进、逻辑严密的追问，回答了科学社会主义"科
学性"之必要、可能与表现的问题。

（1）社会主义为何要从空想发展为科学？

社会主义为何要从空想发展为科学？这是研究社
会主义科学性的前提之问。恩格斯在正文第一部分中，
通过梳理空想社会主义的发展历程、理论贡献及历史
局限性对这一问题作出了回应。

其一，资本主义制度下现实与理想的巨大反差，
始终是促进社会主义发展的现实动力。空想社会主义
本身就是基于对资本主义制度的不满与愤懑而产生的
一种社会思潮。恩格斯指出，在按照 18 世纪启蒙学

19 世纪下半叶的美国社会贫富悬殊，大资本家就像中世纪的强
盗大亨，通过自身的垄断地位加紧对工人和农民的剥削（右方
旗帜上的文字："战争，关税，垄断"；大亨身上的文字："托
拉斯"；剑上的文字："立法"；左方农民、工人等人手中布
袋上的文字："抵押贷款农场""利息""工资""税"）

者的原则建立的理性社会和理性国家中，富有和贫穷的对立并没有化为普遍的幸福反而走向尖锐化；摆脱了封建桎梏的"财产自由"对小资产者和农民而言却是失去财产的自由；犯罪次数日渐增加；资产阶级罪恶更加猖獗……启蒙学者华美诺言中的理性国家俨然是一幅令人极度失望的讽刺画像。圣西门、傅立叶、欧文就是在指明这种失望现状中推进了空想社会主义的发展。进入 19 世纪，三大空想社会主义者变革社会的方案走向破产，资本主义社会充斥着罪恶与不堪，资产阶级加重了对无产阶级的剥削压迫。正是基于资产阶级华美诺言与贫困现实的巨大反差，社会主义要求进一步发展。

奥诺雷·德·巴尔扎克（1799—1850），19 世纪法国著名小说家，被称为"现代法国小说之父"。他在《人间喜剧》中描写了那个时代的生活："订货停止的时候，工人因饥饿而死亡；即使是在有工可做的时候，他们几乎是半死半活地度日。任何一个苦役犯也比他们幸福。"

　　其二，空想社会主义作为宝贵的思想材料，启发了社会主义思想家不断探寻并批判资本主义社会，完善自身的社会主义理论，为社会主义从空想到科学的发展提供思想来源。恩格斯在这一部分中充分叙述了圣西门、傅立叶、欧文三大空想社会主义者思想的历史贡献，他们以独具的历史眼光提出了不少天才性观点，如认识到阶级斗争的存在，提出"对人的政治统治应当变成对物的管理和对生产过程的领导"[1]等等。这些又为马克思恩格斯所继承并发展，从而成为启发

1　《马克思恩格斯文集》第 3 卷，人民出版社 2009 年版，第 531 页。

科学社会主义的宝贵思想材料。

其三，空想社会主义自身不可克服的历史局限性要求社会主义理论科学化。空想社会主义萌发并成长于不成熟的生产状况与阶级状况之中。此时，"解决社会问题的办法还隐藏在不发达的经济关系中，所以只有从头脑中产生出来。"[1]他们祈求通过宣传、改良、典型示范等办法将更完善的社会制度从外面强加于社会。然而，这种新的社会制度越是制定得详细周密，就越是会陷入纯粹的幻想中。总而言之，空想社会主义无法提出变革社会的正确方案。实际上，变革社会的办法并不能从头脑中来，而必须从现实的经济根源中产生出来。因此，为寻求变革社会的正确途径，就使马克思恩格斯萌生了必须要将社会主义从空想发展为科学的念头。

（2）社会主义何以可能从空想发展为科学？

随着生产力的发展与革命进程的加快，社会主义越来越要求摆脱空想、走向科学，从而为无产阶级革命提供科学的理论指导。那么，又是在什么样的条件下，社会主义实现了从空想到科学的发展呢？对此，恩格斯在正文第二部分中充分叙述了社会主义从空想发展为科学的条件性与可能性。

恩格斯指出，唯物辩证法奠定了社会主义从空想

1　《马克思恩格斯文集》第3卷，人民出版社2009年版，第528页。

发展为科学的方法论基础。他充分认识到，《社会主义从空想到科学的发展》中的哲学研究服务于论述社会主义由空想发展到科学的需要，即是说，唯物辩证法取代黑格尔辩证法在社会主义科学化进程中作用重大。要实现社会主义科学化，就必须要建立起崭新的、科学的世界观和方法论，即唯物辩证法。在该书中，恩格斯对辩证法思想的阐释集中体现为"辩证法是关于普遍联系的科学"这一思想内容。由于唯物辩证法的确立，马克思恩格斯运用这一思维方式对人类以往全部的社会历史进行研究，认识到人类社会历史是有规律的发展过程而非偶然事件的堆积，进而他们探寻到人类社会历史发展的客观规律，确立其唯物史观。在这种唯物史观的指导下，他们进一步对资本主义生产方式进行考察，得出剩余价值学说这一理论成果。也就是说，唯物辩证法不仅是创立科学社会主义理论体系的重要前提，还是实现唯物史观、剩余价值学说理论创新的重要前提。

另一方面，唯物史观和剩余价值学说的发现为社会主义从空想发展为科学提供了坚实的理论基础。如前文所述，马克思恩格斯将唯物辩证法运用到历史观中，创立了唯物史观。唯物史观认为，历史发展不是头脑的想象或是观念的外化，而是基于一定物质的经济的事实所形成的社会各阶级及其阶级斗争的发展过程。因此，研究历史必须要回到一定时代的社会经济结构中去考究，而不能基于主观臆造的"神秘力量"或是"绝对精神"。唯物史观,作为一种新的世界观和方法论,改变了以往人们用意识说明社会存在和历史发展的错误道路。人类社会历史发展的规律由此为马克思恩格斯所发现。马克思又将唯物史观运用到研究资本主义生产方式及其经济运动中,进而发现了剩余价值学说。恩格斯认为,空想社会主义之所以是空想的,在于它仅仅抨击资本主义生产方式,却未能说明资本主义生产方式的剥削实质,因而无法找到对付这种生产方式的依靠力量与实现路径。而剩余价值学说恰好指明:"无偿劳动的占有是资本主义生产方式和通过这种生产方式对工人进行的剥削的基本形式"[1],揭露了资产阶级剥削压迫无产阶级的事实,阐明了导致资产阶级和无产阶级贫富差距巨大的原因。伴随着生产力的发展,无产阶级的力量将会增强,从而成为革命的先进力量并发动阶级革命推翻资产阶级统治,建立社会主义社会。唯物史观和剩余价值学说的发现,使得马克思恩格斯正确地分析了资本主义基本矛盾,科学地认识到无产阶级的革命性作用,找到了变革资本主义、实现社会主义的正确途径,进而创立了科学社会主义理论体系,使社会主义从空想发展为科学成为可能。

(3)社会主义从空想发展为科学如何体现?

唯物史观和剩余价值学说的发现,使社会主义从

1　《马克思恩格斯文集》第3卷,人民出版社2009年版,第545页。

空想发展为科学。那么，科学社会主义之科学性究竟体现在哪里呢？该书正文的第三部分便对这一问题作出了详细的解答。

首先，科学社会主义的科学性体现在具有科学的世界观和方法论。一种理论体系是否具有科学性，在于其构建理论体系的世界观和方法论是否是科学的。空想社会主义之所以一开始就是空想的，在于它把"人的理性"作为出发点，将社会的不如意之处归咎为对理性和正义的忽视，仅仅只对资产阶级进行情感上、道德上、伦理上的谴责与抨击，却无法为改变现实世界找到行之有效的方法，最终陷入唯心主义的泥沼中。科学社会主义则以唯物史观为其理论体系构建的逻辑起点，从物质的经济的事实出发，从资本主义生产力与生产关系的矛盾运动出发，发现了科学社会主义的基本原理，揭示出人类社会历史发展的规律，进而找到变革资本主义社会的现实路径。

其次，科学社会主义的科学性体现在其蕴含着科学的基本原理。科学社会主义的内容具有科学性，它是对人类社会历史发展的系统认识和规律揭示。在第三部分，恩格斯阐述了资本主义基本矛盾及其表现、资本主义经济危机、资本主义必然灭亡和社会主义必然胜利、未来社会的基本特征等原理。这些原理明晰了生产力是人类社会历史发展的决定性力量，生产力与生产关系的矛盾运动是社会的基本矛盾，社会主义取代资本主义是人类社会历史发展的必然趋势，从而科学地揭示了人类社会历史发展的规律。

最后，科学社会主义的科学性还体现在指明了从科学社会主义理论转化为社会主义实践的科学方法。科学社会主义不是空想的而是现实的，它能够回归现实的物质世界并且正确地改变现实世界。恩格斯指出，无产阶级是变革资本主义的革命力量，无产阶级革命是化解资本主义基本矛盾的根本途径。无产阶级要以暴力革命的形式，推翻资本主义制度，夺取国家政权，凭借公共权力将私人占有生产资料转化为社会占有生产资料，并且有计划地进行社会生产，从而消除阶级和国家存在的经济根源，最终使社会主义从科学发展为现实，指明了社会主义取代资本主义的正确路径。

3.《社会主义从空想到科学的发展》在国际上的影响

1880 年，马克思为《社会主义从空想到科学的发展》初版法文版作序，简要介绍了恩格斯的生平和成就，并在结尾指出："他为《前进报》撰写并讽刺地题为《欧根·杜林先生在科学中实行的变革》的最近的一组论文，是对欧根·杜林先生关于一般科学，特别是关于社会主义的所谓新理论的回答。这些论文

已经集印成书并且在德国社会主义者中间获得了巨大
的成功。在这本小册子中我们摘录了这本书的理论部
分中最重要的部分；这一部分可以说是**科学社会主义
的入门**。"[1]马克思称其为"科学社会主义的入门"
主要是因为：第一，该著作是一部指引人们科学认识
资本主义的基本矛盾、社会主义的本质的经典理论文
本和思想武器。第二，该著作真正指明了把马克思主
义原理与社会历史实践相结合的研究路径，是一部把
马克思主义基本原理普及化和大众化的理论范本。恩
格斯对科学社会主义的言说风格和写作理念仍是当
前马克思主义研究借鉴的典范。第三，该著作能帮
助人们从整体上理解和把握马克思主义的整体性。
恩格斯是马克思主义和科学社会主义的创立者、解
释者和传播者，是指引我们非教条和完整地认识马
克思主义的学术引领人及思想启蒙者。第四，该著
作为我们破解"马恩对立论"提供了最具权威性的
理论文本。[2]

　　《空想社会主义和科学社会主义》在《社会主义
评论》上产生了直接的反响。1880年6月初，法国
工人运动活动家、前巴黎公社委员马隆引用了文章最
后一节，用来论证法国工人党必须具有无产阶级特征。

1　《马克思恩格斯文集》第3卷，人民出版社2009年版，第493页。
2　参见李楠明《〈社会主义从空想到科学的发展〉博古译本考》，
　　辽宁人民出版社2020年版，第4页。

英国工人运动和宪章运动左翼领导人乔治·朱利安·哈尼在给恩格斯的信中强调了《空想社会主义和科学社会主义》的写法，提出了对无产阶级辨明方向十分重要的一个问题，即应该以一个什么样的组织来取代国家管理生产资料。法国社会主义者、马克思的朋友杰维尔于1883年发表了《〈资本论〉概要》，他在书中以《空想社会主义和科学社会主义》为依据，并引用了此书。拉法格认为这本小册子对法国社会主义思想的形成具有决定性影响，并准备将这本小册子作为新的社会主义丛书的首批出版物之一再版。

乔治·朱利安·哈尼（1817—1897），英国宪章派左翼领袖，马克思和恩格斯的朋友

自德文版第一版开始收入该书附录的《马尔克》，阐述了德国土地所有制产生和发展的历史，对深入理解唯物史观，并在此基础上理解《社会主义从空想到科学的发展》阐明的科学社会主义原理具有重大意义。《马尔克》的初稿完成后，恩格斯曾通篇修改，三易其稿，最后又寄给马克思过目，马克思对该文作了很高的评价。恩格斯在1882年12月22日给倍倍尔的信中提道："这是几年来我研究德国历史的第一个成果，我感到十分高兴的是，我能够首先把它献给工人，而不是献给书呆子和其他'有教养者'。"[1]恩格斯还在1883

奥古斯特·倍倍尔（1840—1913），德国社会主义者，德国社会民主党创始人之一

---

[1] 《马克思恩格斯全集》第35卷，人民出版社1971年版，第416页。

年底专门为农民读者出版了单行本，并把标题改为
《德国农民。他过去怎样？他现在怎样？他将来会
怎样？》。

如果说《反杜林论》是一本"马克思主义的百
科全书"，那么在此基础上总结再提炼的《社会主义
从空想到科学的发展》就可以说是"精简版的马克思
主义百科全书"。"精简"至少表现在以下两点：一
是恩格斯删除了书中与杜林论战的部分，使得全书更
为简练、逻辑更加严谨。二是恩格斯增加了运用唯物
辩证法考察历史发展进程的篇幅，提高了对资本主义
社会分析诊断的精确度。正是由于其简明扼要、通俗
易懂的特点，该书获得了空前的成功。恩格斯在该书
1892 年英文版导言中略带自豪地说："1883 年，我
们的德国朋友用原文出版了这本小册子。此后，根据
这个德文本又出版了意大利文、俄文、丹麦文、荷兰
文和罗马尼亚文的译本。这样，连同现在这个英文版
在内，这本小书已经用 10 种文字流传开了。据我所知，
其他任何社会主义著作，甚至我们的 1848 年出版的
《共产主义宣言》和马克思的《资本论》，也没有这
么多的译本。在德国，这本小册子已经印了四版，共
约两万册。"[1]

1　《马克思恩格斯选集》第 3 卷，人民出版社 2012 年版，第
751—752 页。

格奥尔基·瓦连廷诺维奇·普列汉诺夫（1856—1918），国际工人运动著名活动家，最早在俄国传播马克思主义的思想家，俄国马克思主义政党的创始人和领袖之一

弗兰茨·埃德曼·梅林（1846—1919），德国记者、政治家、历史学家和文学批评家，最早的马克思主义史学家。列宁评价梅林"不仅是愿意当马克思主义者的人，而且是善于当马克思主义者的人"

针对恩格斯在《社会主义从空想到科学的发展》中提出的"马克思把社会主义从空想变成科学"这一命题，第二国际内部以考茨基为代表的所谓"正统派"和以伯恩施坦为代表的所谓"修正派"展开了激烈讨论。在《社会主义的前提和社会民主党的任务》一书中，伯恩施坦直接对马克思恩格斯的科学社会主义学说提出了质疑和批判。他从哲学、经济学和政治学等多角度对马克思恩格斯科学社会主义给予批判，并最终得出"社会主义不可避免包含的空想和乌托邦"，"只有现实运动才是一切"的"修正路线"。针对伯恩施坦以上的断言，在第二国际内部，普列汉诺夫、梅林和考茨基等人先后展开了对伯恩施坦的批判。尤其是以考茨基为主要代表，他在伯恩施坦发表了《社会主义的前提和社会民主党的任务》之后，写了一系列有关社会主义的文章，专门并全面驳斥了伯恩施坦对马克思恩格斯思想的修正。考茨基在《疑问的社会主义对抗科学的社会主义》一文中，集中驳斥了伯恩施坦对马克思恩格斯社会主义科学性的批判，坚持了马克思恩格斯社会主义学说科学性和价值性的统一。考茨基具体从劳动价值论、唯物史观和剩余价值学说几方面展开论说。

在相关讨论的基础上，列宁和俄国早期马克思主义者围绕本国社会主义发展的前景和道路展开了对社会主义理论本质的现实思考。列宁称《社会主义从空想到科学的发展》是一部"概述社会主义发展史"[1]的书。他希望探索一条既符合科学社会主义基本精神又符合本民族社会发展的社会主义复兴之路。"我们认为，对于俄国社会党人来说，尤其需要**独立地**探讨马克思的理论，因为它所提供的只是总的**指导**原理，而这些原理的应用**具体地说**，在英国不同于法国，在法国不同于德国，在德国又不同于俄国。"[2]列宁领导十月革命和建立历史上第一个苏维埃社会主义共和国这一

卡尔·考茨基（1854—1938），社会民主主义活动家，德国和国际工人运动理论家，第二国际领导人之一，代表作有《卡尔·马克思的经济学说》（1887）、《土地问题》（1899）、《帝国主义战争》（1917）、《无产阶级专政》（1918）、《恐怖主义与共产主义》(1919) 等

1917 年 11 月 7 日，俄国爆发了十月革命，建立了人类历史上第一个社会主义国家。十月革命的胜利开创了人类历史的新纪元，它把马克思恩格斯创立的科学社会主义理论由理想变成了现实、由理论变成了制度

1　《列宁全集》第 2 卷，人民出版社 1984 年版，第 9 页。
2　《列宁全集》第 4 卷，人民出版社 1984 年版，第 161 页。

事实，既实现了把社会主义从理想变成现实，又证明了社会主义可以在落后民族国家率先实现。这一点正印证了马克思恩格斯晚年对俄国社会主义发展道路的期待。

到了 20 世纪 70 年代，西方"马克思学"的一些学者认为恩格斯《反杜林论》《自然辩证法》《家庭、私有制和国家的起源》《路德维希·费尔巴哈和德国古典哲学的终结》等著作是对马克思思想的背叛，鼓吹和炮制诸如"恩格斯是马克思主义的创立者""马克思反对恩格斯"等所谓"马恩对立论"观点。事实上，马克思和恩格斯的确有不同的理论分工。在晚年期间，马克思把主要精力投向了以《资本论》为代表的艰深的理论学术研究，而恩格斯更多指导了国际工人运动，他所写的著作也大都面向工人群众，因此在理论表达和语言风格上会有一定的差异。必须认识到，这种差异是在根本思想观点和理论原则上一致的前提下的差异，具体表现为理论的侧重点、认知结构、理论背景等方面的差异。总体上看，马克思和恩格斯的根本思想观点和理论原则可以说是一致的，但是二者在理论的侧重点上还是有着一定的差异，应当坚持"在差异基础上的一致"的观点，反对把马克思和恩格斯对立起来的观点。恩格斯不仅对于创立马克思主义作出了独特贡献，而且在阐释、构建、传播马克思主义的过程中发挥了独特而重要的作用。马克思和恩格斯的思想是一个整体，而绝非是冲突和对立的关系。《社会主义从空想到科学的发展》及其原本《反杜林论》为此提供了相当丰富的证据。

马克思和恩格斯二人因杜林在 1867 年 12 月的《现代知识补充材料》杂志第 3 卷第 3 期上发表对《资本论》第一卷的评论而开始关注他的观点。从马克思和恩格斯于 1868 年 1—3 月的书信往来可看出他们对杜林观点的批判态度。恩格斯于 1876 年 2 月最初在《人民国家报》上发表的《德意志帝国国会中的普鲁士烧酒》一文中提到并驳斥了杜林。马克思当时也认为应该对杜林进行批判。1876 年 5 月 24—26 日，马克思和恩格斯在通信中就杜林的思想和观点在德国社会主义工人党部分党员中影响日益扩大的问题交换意见，认为必须在报刊上批判杜林的观点。恩格斯于是中断了从 1873 年开始写作的《自然辩证法》，从 1876 年 5 月到 1878 年上半年，花了两年的时间进行《反杜林论》的写作。

恩格斯《自然辩证法》笔记

就《社会主义从空想到科学的发展》而言，马克思在初版序言中高度评价了恩格斯的成就，称他为"当代社会主义最杰出的代表人物之一"[1]。在该书法文和德文版出版后的 1885 年，也就是马克思逝世两年后，恩格斯于《反杜林论》第二版序言中说："本书所阐述的世界观，绝大部分是由马克思确立和阐发的，而只有极小的部分是属于我的，所以，我的这种阐述不可能在他不了解的情况下进行，这在我们相互之间是不言而喻的。在付印之前，我曾把全部原稿念给他听……在各种专业上互相帮助，这早就成了我们的习惯。"[2] 在《社会主义从空想到科学的发展》1892 年英文版导言中，恩格斯又特别指出："本书中所用的经济学名词，凡是新的，都同马克思的《资本论》英文版中所用的一致。"[3]

　　马克思主义本身更是一个整体。虽然长期以来，《社会主义从空想到科学的发展》更多地被看作是一部科学社会主义学科的经典著作，加之此前的《反杜林论》也是将政治经济学、哲学和科学社会主义分开，但是马克思主义的三个组成部分始终是一个有机的整体。作为一套严密的科学理论体系，马克思主义的世界观是以科学社会主义为其理论结论的，而这种结论的得出则依赖于马克思主义在哲学和政治经济学领域

1　《马克思恩格斯选集》第 3 卷，人民出版社 2012 年版，第 741 页。
2　《马克思恩格斯选集》第 3 卷，人民出版社 2012 年版，第 383—384 页。
3　《马克思恩格斯选集》第 3 卷，人民出版社 2012 年版，第 752 页。

所实现的革命性变革。

苏联东欧学者对《社会主义从空想到科学的发展》有着较为深入的研究。他们不局限于对单纯文本的解读和考证，还将对现实社会主义历史实践的现实思考同马克思恩格斯社会主义理论的梳理和反思结合起来。他们把《社会主义从空想到科学的发展》中有关社会主义的阐释放到了社会主义实践发展史中给予理解和阐发，具有强烈的历史和现实感，提出的一些问题和观点对深刻认识科学社会主义的实质具有重要的理论和参照意义。

前东德学者雷纳特·梅尔克耳在其文章《论恩格斯的著作〈社会主义从空想到科学的发展〉的产生、意义和影响》中，对恩格斯的这本小册子的文本写作内容及其为什么会得到如此广泛的传播以及人们为何能够接受社会主义等问题，给予了翔实的文献和历史背景的思想史梳理。[1]

同为前东德学者的费拉·弗罗纳在其论文《纪念恩格斯的著作〈社会主义从空想到科学的发展〉发表一百周年》中，鲜明指出了科学社会主义同形形色色的虚假社会主义和空想社会主义的本质区别。她指出：社会主义所有制是充分彰显每个人的自由个性

---

[1] 参见吕增奎主编《科学社会主义 I》，载杨金海主编《马克思主义研究资料》第 19 卷，中央编译出版社 2015 年版，第 68—108 页。

和实现每个人发展是一切人自由发展的条件，是一个
理想社会制度的基本原则，是充分实现每个人的自由
个性发展的社会主义联合体。她把在社会主义所有制
下实现的每个人的自由发展形象地称为"社会主义人
性"。区别科学社会主义和空想社会主义的地方，不
在于对个性的研究，而在于空想社会主义撇开人的社
会本质所产生的一切问题来考察人的个性。资产阶级
意识形态一百多年来对"人"、人的"本性"、人的"自
由意志"和人的"本质"所鼓吹和描绘的东西，并不
因为带有虚假社会主义色彩而娓娓动听。人的思维和
行动无疑是由社会关系——首先是由社会的客观物质
关系来决定的。所以，在社会主义社会中，首先要创
造越来越好的物质和文化的先决条件，以便为"保证
社会全体成员最高的福利和自由的全面发展"服务。
社会主义国家在工人阶级及其政党的领导下已经形成
的社会生活证明，工人阶级政权、生产资料公有制和
社会关系的自觉创造都是一个社会制度的前提。[1]

　　苏联学者戈尔曼在其论文《恩格斯和科学社会主
义的历史发展》一文中指出了科学社会主义学说在恩
格斯思想体系中的地位，并对科学社会主义发展历程
给予了历史梳理。在马克思主义科学思想的全部成果

---

[1]　参见薛俊强编著《恩格斯〈社会主义从空想到科学的发展〉
　　研究读本》，中央编译出版社 2013 年版，第 63 页。

中，恩格斯特别重视使社会主义由空想变为科学这方面的两大发现：唯物主义历史观与剩余价值理论。恩格斯在研究社会主义学说史方面的著作，的确是非常全面和丰富的。总的来说，与马克思主义的发展对照起来，可分为两个时期，即它的形成阶段和它在无产阶级运动中进一步发展并为确立其原则而进行斗争的阶段。在第一阶段，恩格斯和马克思在一起共同建立了社会主义思想史的科学论点。他们在《共产党宣言》中对此作了经典表述。在第二个阶段，依据马克思的著作，在马克思的紧密合作下，恩格斯发展、加深并具体化了这些观点。恩格斯胜利完成了他力求实现的关于社会主义思想史的总结性著作——《社会主义从空想到科学的发展》。[1] 俄罗斯学者梅茹耶夫深刻指出并辨别了"社会主义"和"共产主义"术语在马克思恩格斯思想语境中的本义，并阐明了科学社会主义的本质。他指出："在恩格斯那里，'社会主义'这一术语（在《社会主义从空想到科学的发展》一文中）获得了某些另外的意义。它首先指的并不是共产主义运动的社会政治方面，而是理论方面，是共产主义者关于历史及其人类历史发展进程的思想体系。对于恩格斯而言，'科学社会主义'并不是一种政党或者一

---

[1]　参见［苏］戈尔曼《恩格斯和科学社会主义的历史发展》，《国外社会科学》1980 年第 11 期，第 1—3 页。

《我理解的马克思》
（人民出版社 2013
年版），作者瓦季
姆·哈伊洛维奇·梅
茹耶夫是俄罗斯科
学院哲学研究所首
席研究员，该书系
其论文集

种运动，而是以马克思的发现——唯物史观和剩余价值学说为基础的学说。无论如何不应得出结论说，社会主义是一种特殊的社会形态，是处于完全意义上的共产主义之前的共产主义第一阶段。这种对社会主义的解释似乎产生于俄国的马克思主义者之中。"[1]此外，梅茹耶夫还把科学社会主义界定为既非乌托邦也非意识形态的科学理论。在他看来，马克思和恩格斯的科学社会主义学说的真正价值在于：寻找真正实现每个人的自身能力和才华充分自由发展的可能条件。[2]

当代西方左翼学者主要从经济学、伦理学和政治学等多重视角展开对恩格斯社会主义思想的起源、概念、实质、目的、价值和手段等的多方位解读。重点聚焦在：社会主义的精神实质和价值目标；社会主义的政治经济制度；现实存在的社会主义。对现实资本主义和社会主义问题的思考，西方左翼学者们主要存在两种倾向：从道德伦理和经济策略两个层面反思现存的资本主义和社会主义。此外，还有部分学者从政

1　［俄］梅茹耶夫：《我理解的马克思》，林艳梅、张静译，人民出版社 2013 年版，第 75 页。

2　参见薛俊强编著《恩格斯〈社会主义从空想到科学的发展〉研究读本》，中央编译出版社 2013 年版，第 64—65 页。

治哲学视角，基于平等和公平的理论维度界定马克思恩格斯科学社会主义学说的精神实质。在该部分学者看来，现实存在的社会主义的本真精神集中体现为对平等和公平的追寻。在把平等界定为现实社会主义核心价值旨趣的基础上，自由、民主和正义等议题也被纳入现实社会主义精神实质的范畴中。探求以上价值目标的关键，在于切实寻求现实社会主义得以形成的实践路径。关于平等与社会主义的内在关系，英国学者科恩指出："我称之为社会主义的机会平等纠正的则是这样的不平等，这种不平等是由作为非正义的更深层根源的天赋差异引起的，它超出了由非选择的社会背景强加的不平等，因为天赋的差异同样是非选择的。……社会主义的机会平等试图纠正所有非选择的不利条件，即当事人本身不能被合理地认为对其负有责任的不利条件，无论它们是反映社会不幸的不利条件还是反映自然不幸的不利条件。一旦社会主义的机会平等得以实现，结果的差异反映的就只是爱好和选择的差异，而不再是自然和社会的能力与权力的差异。"[1]

G. A. 科恩（1941—2009），英国政治哲学家，分析的马克思主义的主要创立者和代表人物，被称为"分析的马克思主义的旗手""社会主义平等主义的斗士"

当代西方"马克思学"基于文本考证和学理探究，对马克思恩格斯社会主义观给予考究式的文本解读，

1　［英］科恩：《为什么不要社会主义？》，段忠桥译，人民出版社 2011 年版，第 27 页。

马科斯米里安·吕贝尔（1905—1996），法国哲学家，西方"马克思学"学者，代表作有《马克思社会主义伦理学文选》（1948）、《马克思思想传记》（1957）等

并提出了"马克思恩格斯学术思想关系"、恩格斯与社会主义历史实践等问题。法国学者吕贝尔通过对马克思恩格斯学术思想关系的深入分析，提出："马克思主义并非马克思思想路线的原始产物，而是恩格斯在其脑袋里构想出来的东西。"[1] 吕贝尔从文献学和思想史上考究马克思恩格斯学术思想关系、恩格斯著作在发展社会主义知识遗产和决定工人运动进程方面的作用。当代美国学者保罗·托马斯针对马克思、恩格斯和科学社会主义三者的关系指出："科学社会主义"这个词随着历史进程的演变呈现出多种不同的含义，但是没有一种含义与马克思所写的内容相关。正是恩格斯而不是马克思把科学社会主义的概念留给了马克思主义，尽管他非常谨慎地以马克思的名义提出来。[2] 托马斯试图把马克思和恩格斯两人的社会历史观对立起来，这一观点仍须国内学界给予仔细辩驳和理论回应。

　　总体而言，国际上有关《社会主义从空想到科学的发展》的研究主要围绕社会主义与实践的理论和现

1　吴晓明、张亮主编：《当代学者视野中的马克思主义哲学：西方学者卷》（下），北京师范大学出版社2012年版，第252页。

2　参见［美］保罗·托马斯《马克思主义与科学社会主义——从恩格斯到阿尔都塞》，王远河等译，江苏人民出版社2011年版，第4—6页。

实问题展开，并具体围绕着马克思恩格斯本人的社会主义观、现实社会主义的可能性及其未来发展前景展开探讨。此外，也有部分学者从无产阶级政党和社会主义发展史、当代资本主义社会发展现实等几个方面重新反思《社会主义从空想到科学的发展》中提出的相关思想。其中涉及诸多现实议题和理论话题，值得国内学界充分借鉴。"科学社会主义"不是一个理论标签，而是一个现实的社会运动。随着学者们对恩格斯《社会主义从空想到科学的发展》一书的重新解读，很多富有时代感的理论话题正得到越来越多的学者关注，《社会主义从空想到科学的发展》一书的当代意义不断凸显。[1]

4.《社会主义从空想到科学的发展》在中国的传播

《社会主义从空想到科学的发展》一书在中国的早期译介经历了从间接、零散选译到直接、完整翻译的传播历程。该书的片段文字及恩格斯之名最早见于1899年上海广学会主办的《万国公报》；1912年，中国社会党期刊《新世界》连载了由施仁荣译述的《理

---

1 参见薛俊强编著《恩格斯〈社会主义从空想到科学的发展〉研究读本》，中央编译出版社2013年版，第67—70页。

《万国公报》，自1889年2月起成为广学会机关报，林乐知任主编，一度成为当时中国发行量最大的刊物，1907年7月终刊

想社会主义与实行社会主义》，这是该书在中国最早的译文，其中包括该书第一、二章和第三章的部分内容。[1]

随着俄国十月革命的胜利和新文化运动的兴起，马克思主义在中国的译介传播进入了一个新的阶段，即由自发翻译介绍到自觉研究介绍的阶段，《社会主义从空想到科学的发展》的译文数量及传播范围都较之前有明显的增长。1920年8月，上海群益书社和伊文思图书公司联合出版了郑次川翻译的《科学的社会主义》一书，主要译介了《社会主义从空想到科学的发展》第三章的内容。郑次川在为该书所作的"序"中指出，尽管我国文明绵延已久，但是都没有著书立说者如马克思恩格斯，究其原因主要是"学说恒与环境相因缘，无斯环境求其有斯学说"，而该学说"所以令实际合于理想。不唯无害且有

《建设》，五四时期刊物，1919年8月1日在上海创刊，是孙中山领导下的中华革命党（后改组为中国国民党）主办的理论刊物，由朱执信、廖仲恺等主编，亚东图书馆出版，1920年12月1日第三卷第一号出版后停刊

1　参见方红《〈社会主义从空想到科学的发展〉黄思越译本考》，辽宁人民出版社2020年版，第3页。

益焉。故不可拒亦不当拒也"。可见，在译者看来，《社会主义从空想到科学的发展》一书所著述的科学社会主义不但适合当时的国情语境，且应当充分了解，不该拒绝。[1]

同年 12 月，《建设》杂志第三卷第一号刊载了标注为"阴格尔著 苏中译"的《科学的社会主义与唯物主义》一文，该文是原译者日本社会主义者河上肇所作的补记，主要介绍了唯物史观的要领及唯物史观与社会主义的关系。文中篇尾还特别

河上肇（1879—1946），日本经济学家，日本马克思主义研究的先驱者。他有志于解决贫困等社会问题，从研究资产阶级政治经济学，逐渐转变为宣传和阐述马克思主义。创办期刊《社会问题研究》，发表多种政治经济学著作，对马克思主义在日本的传播有一定的影响

在五四运动影响下，《民国日报》于 1919 年 6 月 16 日创办副刊《觉悟》，1931 年 12 月 31 日《觉悟》终刊

指出，恩格斯认为该书所展开的看法大部分是由马克思建设和发展的，以此阐明此书与马克思思想的紧密联系。《建设》杂志于 1919 年 8 月创刊，是五四时期中华革命党主办的进步刊物，由此可见，《社会主义从空想到科学的发展》一书的译介也成为新文化运动时期马克思主义传播的主要内容。

经过早期的片段节译后，该书开始进入完整翻译阶段。1925 年 2 月至 3 月，上海《民国日报》副刊《觉悟》

1　参见方红《〈社会主义从空想到科学的发展〉黄思越译本考》，辽宁人民出版社 2020 年版，第 22 页。

柯柏年(1904—1985)，原名李春蕃，笔名马丽英、丽英、福英等，中共早期党员之一，马克思主义著作翻译家

杂志连载了署名丽英女士（柯柏年）翻译的《空想的及科学的社会主义》一文，该文从英译本译出，是在中国的首个全译文。1925 年 5 月，上海创造社出版了朱镜我翻译的《社会主义底发展》一书，这是《社会主义从空想到科学的发展》的首个全译本。朱镜我作为译者对原著进行了简要评价："这本小册子，在分量上虽然不是很浩瀚的大著作，但从它的性质讲，却能告诉我们许多的关键……关于这种种问题它皆能一一地给予我们以一种极简明的解答"[1]。对于处在危难之中的近代中国来说，恩格斯此书无疑带给译者乃至于读者一种"极简明的解答"的豁然开朗之感。

（1）黄思越译本简介

1928 年 8 月，上海泰东图书局出版了黄思越根据日译本翻译的《社会主义发展史纲》一书，这是《社会主义从空想到科学的发展》的第二个全译本。该译本出版与首个全译本仅

朱镜我(1901—1941)，浙江省鄞县人，原名朱德安，笔名雪纯，1928 年 5 月加入中国共产党。他翻译了恩格斯的《社会主义从空想到科学的发展》，成为我国最早出版的恩格斯名著的全译中文单行本

相差三个月，是堺利彦新版日译本在当时最为完整的中译本。黄思越译本问世时虽然社会主义思想在中国已有一定译介基础，但当时正值国民革命失败后共产党员和革命群众受迫害之时，《社会主义从空想到科学的发展》的全译本的集中问世，不但标志着该书在

1　[德]昂格斯：《社会主义底发展》，朱镜我译，上海创造社 1925 年版，第 5 页。

中国的译介开始进入完整、系统的传播历程，也极大
鼓舞了当时的民族革命热情，为中国共产党的成长和
中国革命发展奠定了理论基础，提供了行动指南。黄
思越从日文重译该书，既有语言能力和个人经历的优
势，同时也是其身为留日知识分子关注最新社会思潮
发展的个体身份认知表现。而泰东图书局规划出版此
书，既回应了当时科学社会主义及唯物史观在中国广
泛传播引起的学理探究热情，也是马克思主义在中国
系统化传播的见证。

　　黄思越在《社会主义发展史纲》中首先
译介了堺利彦于 1927 年 8 月所写的"译者序"，
其中介绍了《社会主义从空想到科学的发展》
一书的由来及其各版本出版发行情况。同时，
"译者序"还介绍了该书日译本在日本的译介
出版情况，指出此新版乃由德意志原文直接译

堺利彦(1870—1933)，
日本早期社会主义
运动活动家

出。黄译本文后附"重译者跋"，从中可知黄思越译
本完成于"共和纪元十有七年三月二十日，日本普选
初次举行之日"，即 1928 年 3 月。而朱镜我翻译的
首个中文全译本实际也是于 1928 年 3 月在日本完成。
这两个译本翻译时间相同，只是出版时间相差数月，
而且，黄思越译本是根据堺利彦最新译本翻译而成，
这也是当时日本最具权威性的译本。可以说，黄思越
身在日本能够获取最新的日译本且反应迅速。他在书
中评价道："因倪斯为仅次于马克斯之社会主义箸（著）

作家。此小册子与《资本论》《共产党宣言》共为马克司派社会主义三大杰作。风行欧美……近在日本，尤有一日千里之势。大抵资本主义盛行之地，即其流行尤速……汉民族百不如人，即区区学术研究，亦在在落伍。迩来震动全球之社会主义运动，虽稍有所闻，而为其主义之不朽杰作，乃尚绝少介绍，因是模糊影响，错误百出。"[1]

　　可见，黄思越主要是出于学术研究目的重译此书，以这本"主义之不朽杰作"来纠正人们对社会主义的模糊和错误认知，使国人在学术上不至于继续落伍。同时，他也认识到了该书的流行之势，尤其在日本的传播已是一日千里，社会主义运动已成为震动全球的大事，中华民族亦应对其充分了解。此外，黄思越对待科学社会主义的态度理性客观，他既充分肯定了该书的价值和地位，也呼吁赞成和反对社会主义的人都不应盲从，而应该追源溯流搞清该主义的真正内涵。可以说，经历了新文化运动以来的"问题与主义"之争，中国进步知识分子对于马克思主义的态度更趋理智，对马克思主义的理解与接受并非采取简单的"拿来主义"，而是更多以其本源追溯思想实质、从现实语境探索理性启示。

1　［德］因倪斯：《社会主义发展史纲》，黄思越译，上海泰东图书局 1928 年版，第 81—82 页。

　　值得关注的是，黄思越译本与堺利彦日译本的书名相差较大。堺利彦译本单行本初名为《由空想向科学》，后改为《社会主义之发展》，这正是黄思越译本之蓝本。而黄思越将书名定为《社会主义发展史纲》，"史纲"之名更具学术特质，这既体现了译者"以学术研究为目的"的重译策略，自然也使该译本在大革命失败后的白色恐怖中多了几分安全性。关于书中各章标题及章内小标题，堺利彦在译者序中曾说过，都是原文所没有的，而是译者自己加的，文中还有诸多译者添加的注解。黄思越译本将这些标题都一一译出，加注处也都译出。但与日译本不同的是，文中有多处英文单词是日译本所没有的，这似乎更证明了黄思越以日译本为底本、参考英译本完成了该书的翻译。

　　该译本完成五个月后，由上海泰东图书局出版发行。这不仅是第一次国共合作破裂及大革命失败后国人继续探索漫漫前程的尝试，也是科学社会主义思想及唯物史观逐步融入中国革命实践的探索。黄思越译本作为当时最新最全的日译本重译本，承载了日本社会主义者对马克思主义的认知，也体现了中国知识分子对科学社会主义的学理性探知。[1]

1　参见方红《〈社会主义从空想到科学的发展〉黄思越译本考》，辽宁人民出版社 2020 年版，第 27—31 页。

（2）吴黎平译本简介

郑超麟（1901—1998），福建漳平人，中国近现代史上的革命家、思想家，托洛茨基主义在中国的代表人物，化名马道甫，笔名超麟、林伊文、林超真、曹真、绮纹等

在黄思越译本后，我国又诞生了一批《社会主义从空想到科学的发展》新译本：林超真译，载《宗教·哲学·社会主义》（1929年10月版）第47—140页，标题为《空想社会主义与科学社会主义》，附有英文版导言和拉法格于1880年写的序言。1934年3月，该书再版时又增加了德文本初版序言和德文第四版序言以及作为附录收入的恩格斯的《马尔克》一文。彭嘉生摘译英文版导言，载《费尔巴哈论》（1929年12月版）第145—185页，标题为《历史的唯物论》。向省吾摘译英文版导言，载《马克思恩格斯关于唯物论的断片》（1930年版）第21—71页，标题为《唯物史观论》。高希圣摘译，载《马克思学体系》第一册（1930年6月版）第16—29、67—70、70—73页，标题分别为《资本主义制度的各种矛盾》《到自由王国的飞跃》《发达的过程》。刘济闻摘译，载《社会进化的原理》（即《马克思学体系》第一册）第24—41、100—105、105—110、133—154页，标题分别为《资本主义制度的各种矛盾》《向自由王国之飞跃》《发达的过程》《从空想到科学》。杨东莼、宁敦伍摘译英

杨东莼（1900—1979），湖南醴陵人，中国近现代历史学家、翻译家、教育家、社会活动家

文版导言作为附录，载《机械论的唯物论批判》（1932年5月版）第115—147页，标题为《历史的唯物论》。译者不详，载《社会主义入门》（1938年3月再版，编者未见初版）第1—59页，分三节：引论、历史、理论，和《社会主义从空想到科学的发展》一文略有不同。另外，新汉出版社于1938年4月初版，书名为《空想社会主义到科学社会主义》，未署译者，该书包括引论、历史、理论，即《反杜林论》引论中的"概论"，第三编的"历史""理论"，和《社会主义从空想到科学的发展》略有不同。译者不详，载《历史的唯物论》（1938年5月版）第1—29页，摘译英文版导言，标题为《历史的唯物论》。

这些译本和摘译本有的译得不准确，与原文出入较大，有的译得不完整，因而不能完整地体现恩格斯写作此书的内在逻辑。另外，恩格斯在德文第四版出版时曾对原文作了改动，增加了对圣西门的阐述和因历史情况的变化对现代生产形式"托拉斯"的分析说明，但此前的中文译本都没有体现出恩格斯的新改动。所以，翻译的质量不高，影响不大，流传不广。除少数几个版本有再版外，其他的并没有多大反响，也不被人所知。

抗战时期，为了满足广大干部群众学习之需，延安马克思列宁主义学院决定组织力量，从去苏联和欧美留学的有较好外文基础并有翻译经验的人员中抽调

吴亮平（1908—1986），别名吴黎平，浙江奉化人，中国著名的无产阶级政治活动家、马克思主义理论家和翻译家

精兵强将，系统翻译一批《马克思恩格斯丛书》和《列宁选集》。吴亮平（笔名吴黎平）由于过去翻译的经历和《反杜林论》译著的流传，在延安是大名鼎鼎的马克思主义理论家和翻译家，当然是翻译的不二人选，自然参加到编译工作中来。而《社会主义从空想到科学的发展》一书作为"科学社会主义的入门"，切合学习的主题需要，并且，其通俗易懂的阐述特点与严谨的说理逻辑也适合当时的延安广大干部群众的文化修养水平，加之此前的中文译文有很多不完善的地方，有重译的必要，因而被列为《马克思恩格斯丛书》第三种，首先翻译出版。

吴亮平对《社会主义从空想到科学的发展》一书的最初翻译，是1925年在莫斯科中山大学进行的。莫斯科中山大学是共产国际为纪念孙中山先生，培养中国革命干部而设置的学校。最初，中山大学的教员都是苏联人，中文翻译只有一两个，中文书籍也非常稀缺。加之赴苏的中国学生文化水平参差不齐，大多数人看不懂外文的马列主义著作。这就给教学工作带来了极大困难。因而当时驻共产国际的中共代表团要求学校根据中国学生的实际情况多翻译一些马列经典著作的中译本，于是学校组织了通晓外文的中国同志着手翻译经典文本的工作。吴亮平英文基础很好，能够阅读英文原著，也被学校选择了参加翻译工作，而最先翻译的经典著作就是恩格斯的《社会主义从空想到科学的发展》一书。这就是他早期翻译的背景和过程。但是，这次翻译并没有正式出版发行，只是作为油印的教材在学校内部使用。然而，这次翻译促使他萌生了翻译《反杜林论》全书的愿望。而后来对《反杜林论》的翻译，不仅奠定了他作为一个马克思主义理论家、翻译家的地位，而且使他加深了对恩格斯思想的理解，为 1938 年重译《社会主义从空想到科学的发展》奠定了坚实的理论根基。[1] 如他自己所说，初次翻译时只是出于对马列著作和革命理论的朴素感情，后在毛主席的教育下，理解有了较大提高，再翻译时的认识就深入多了。正是在这样的基础上，吴亮平重新翻译了《社会主义从空想到科学的发展》一书。[2]

　　1938 年 6 月，吴黎平译本由延安解放社出版，但出版时未署出版者。书封面上印有"马恩丛书 3"字样，书名为《社会主义从空想到科学的发展》，附有德文本初版序言、德文第四版序言、英文版导言，书前有译者于 1938 年 5 月 20 日写的《关于中文译本的几句话》，书中有著者注、俄文编者注和译者注，书后附正误表。该书是根据苏联《马克思恩格斯选集》

1　参见李楠明《〈社会主义从空想到科学的发展〉吴黎平译本考》，辽宁人民出版社 2019 年版，第 30—31 页。
2　参见李楠明《〈社会主义从空想到科学的发展〉吴黎平译本考》，辽宁人民出版社 2019 年版，第 32—35 页。

俄文版翻译的，并参考了这一选集的英文版，在两者文字有冲突的地方绝大多数按俄文翻译。正文分三章，每章均有标题。吴黎平这一译本的最大特点是反映了德文第四版恩格斯对原文所作的补充和修改，而此前的中译本则没有体现这一点，因而不能全面真实地反映恩格斯的思想，这也是吴黎平要翻译该书的重要原因之一。

此译本出版后，在中华人民共和国成立前就多次重印。在解放区和国统区先后共 9 次重印，流传范围非常广。1939 年 4 月，生活书店再版，印有"世界名著译丛之六"字样，书前有译者的话。1946 年 5 月，生活书店在上海、重庆重印，印有"世界学术名著译丛"字样，书前附译者《关于中文译本的几句话》。1946 年 10 月，（上海）生活书店重印，书前有译者《关于中文译本的几句话》，书中有注。1947 年 7 月，生活书店东北版，印有"世界学术名著译丛"字样。1948 年 6 月，生活书店大连初版，印有"马列文库之四"字样。1949 年 5 月，冀东新华书店重印，印有"世界学术名著译丛"字样。1949 年 6 月，（香港）新中国书局重印，注明"港一版"，印有"马列主义理论丛书"字样，书前有译者《关于中文译本的几句话》。中国出版社重印，没有出版时间。华北军区政治部翻译，未署译者和出版时间，没有印译者的话。吴黎平译本和之后在 1943 年由博古译的版本，是在中华人民共和国成立前传播最广的版本。

（3）博古译本简介

1926 年 11 月，博古来到莫斯科中山大学，在此系统地学习了马克思主义哲学、政治经济学、科学共产主义、军事学、俄国革命和东西方革命运动史等课程。1928 年，博古作为中山大学优秀学生被派往红色教授学院受训。博古的苏联学习，奠定了他坚实的马克思主义理论功底，加之他对俄语的熟练掌握，为后来翻译大量马克思主义经典著作作了准备。延安时期，博古在领导长江局、南方局、《解放日报》、新华社等繁忙的工作中，加班加点，夜以继日，翻译成果显著。1943 年 12 月 14 日，毛泽东主持召开中共中央书记处会议，会议决定，从 1943 年 11 月起至 1944 年 4 月底，高级干部学习的课本有六种，即《共产党宣言》《社会主义从空想到科学的发展》《共产主义运动中的"左派"幼稚病》《社会民主党在民主革命中的两种策略》《联共（布）党史简明教程》《两条路线》。其中博古校译的就有《共产党宣言》《社会主义从空想到科学的发展》《联共（布）党史简明教程》。

1943 年 11 月，博古校译的《社会主义从空想到科学的发展》由延安解放社出版，共 138 页，32 开本，竖排平装。该版附有德文初版序言、德文第四版序言、英文版导言，书后附有"正误表"，书中包括原著者

秦邦宪 (1907—1946)，又名博古，江苏无锡人，无产阶级革命家

注释、俄文版编者注、中文译者注。该版于 1946 年
5 月由太岳新华书店、6 月由新华书店、12 月由东北
书店重印三次，发行数量超过 10000 册。此后，该著
于 1948 年重印两次，1949 年重印达 15 次之多，总
印数至少 200000 册。1951 年和 1953 年，人民出版
社又刊印了两次。可见，博古校译的《社会主义从空
想到科学的发展》是马克思主义经典文献传播最广泛
的著作之一。[1]

1　参见李楠明《〈社会主义从空想到科学的发展〉博古译本考》，
　　辽宁人民出版社 2019 年版，第 31—32 页。

三、"科学社会主义的入门"和"概述社会主义发展史"的经典

《社会主义从空想到科学的发展》在社会主义发展史上地位非凡，被马克思称为"科学社会主义的入门"；在新中国成立初期更是被列为"干部必读"书目之一并被大量重印。究其原因在于，该书蕴含着深刻的思想内容，具有重大的理论价值。这本书将马克思主义哲学、政治经济学和科学社会主义融会贯通，在分别揭示

科学社会主义的思想来源、理论基石和基本原理的基础上，对马克思主义哲学、政治经济学和科学社会主义中尤为重要的经典理论作出了系统透彻的通俗化阐释。

新中国成立初期，《社会主义从空想到科学的发展》被列为"干部必读"书目之一

1. 概述空想社会主义的发展图景，揭示科学社会主义的思想来源

《社会主义从空想到科学的发展》被列宁称为"概述社会主义发展史"[1]的著作。在该书正文的第一部分中，恩格斯就详细地论述了科学社会主义思想发展的前史，即空想社会主义的发展图景及其对科学社会主义的影响，从而揭示了空想社会主义是科学社会主义的思想来源。

任何一种思想理论的产生都离不开特定时代的经济状况、思想资源等条件。正如恩格斯在正文一开始就开宗明义地指出的，科学社会主义，或称现代社会

美术作品《若弗兰夫人的沙龙》。18世纪的巴黎，在一些贵妇人的客厅里，经常聚集着科学家、哲学家等讨论启蒙思想

1 《列宁选集》第1卷，人民出版社2012年版，第94页。

主义"同任何新的学说一样，它必须首先从已有的思想材料出发，虽然它的根子深深扎在物质的经济的事实中"[1]。科学社会主义的生成，具有深刻的经济根源和思想根源。从思想发展史的角度来看，作为一种思想学说的科学社会主义，自然是在批判与扬弃人类思想文化成果的基础上升华、形成的，而正是 19 世纪初的空想社会主义为科学社会主义的创立提供了丰富的思想材料，成为其直接思想来源。

19 世纪初的空想社会主义深受 18 世纪法国启蒙思想的影响，是该思想各种原则的"进一步的、据称是更彻底的发展"[2]。18 世纪法国启蒙思想汲取古希腊罗马文明对人的价值的认识，赞扬个人认识真理、明辨是非的理性能力，其核心思想是"理性崇拜"，宣称："一切都必须在理性的法庭面前为自己的存在作辩护或者放弃存在的权利。思维着的知性成了衡量一切的唯一尺度。"[3]18 世纪法国启蒙思想家以"理性"为准绳，坚决反对不合理的封建等级制度和宗教蒙昧主义，主张构建合乎理性的"理想王国"。然而，他们是资产阶级的革命思想家，他们心中的理想王国"不过是资产阶级的理想化的王国"[4]。18 世纪法

1　《马克思恩格斯选集》第 3 卷，人民出版社 2012 年版，第 775 页。
2　《马克思恩格斯选集》第 3 卷，人民出版社 2012 年版，第 775 页。
3　《马克思恩格斯选集》第 3 卷，人民出版社 2012 年版，第 775 页。
4　《马克思恩格斯选集》第 3 卷，人民出版社 2012 年版，第 776 页。

国启蒙思想始终表达着资产阶级的政治诉求和社会主张，反映着资产阶级的利益和愿望。而 19 世纪初的空想社会主义虽然"不是作为当时已经历史地产生的无产阶级的利益的代表出现的"[1]，但却在现实实践中反映无产阶级的要求，走向资产阶级学说的对立面，把理论批判的矛头直指资本主义，全面而深刻地抨击现存的资本主义制度和社会。他们基于大工业的现实背景提出未来社会的设想蓝图和积极主张，抛弃了以往粗鄙的平均主义和禁欲主义的观点。同时，他们的思想学说更具理论性和系统性、现实性和可操作性，为社会主义发展史留下了不少天才性预见。19 世纪初空想社会主义的理论发展，使得日后马克思恩格斯在《共产党宣言》中所划分的"批判的空想的社会主义和共产主义"思想流派完整建立。

19 世纪初的空想社会主义是空想社会主义发展的阶段性理论成果。自 1516 年莫尔的《乌托邦》出版以来，空想社会主义的发展历经三百多年。恩格斯指出，"在每一个大的资产阶级运动中，都爆发过作为现代无产阶级的发展程度不同的先驱者的那个阶级

《乌托邦》（托马斯·莫尔著，商务印书馆 2020 年版）。《乌托邦》是欧洲第一部空想社会主义著作，它首次批判了资本原始积累的罪恶，提出了以组织生产、普遍劳动为基础的公有制和平等的原则，第一次完整地描述了空想社会主义的图景，但其因科学理论基础的缺失而成为一种想象力而非现实的存在

1　《马克思恩格斯选集》第 3 卷，人民出版社 2012 年版，第 778 页。

《乌托邦》的插图

的独立运动"[1]。空想社会主义正是尚未成熟的现代
无产阶级革命运动的理论表现。现代无产阶级发展程
度的不同，影响着空想社会主义的理论成熟度。据此，
恩格斯依据阶级成熟程度和理论成熟程度将空想社会
主义的发展划分为三个阶段：16 至 17 世纪为空想社
会主义发展的第一阶段。这一阶段正处于资本主义矛
盾和弊端刚刚暴露的时期，无产者刚刚产生且尚未成
熟。因而这一阶段的社会主义理论正如恩格斯所言，
只是"理想社会制度的空想的描写"[2]，反映了早期
无产者和劳动人民对美好社会的向往，缺乏现实主义
的色彩。18 世纪为空想社会主义发展的第二阶段。

1　《马克思恩格斯选集》第 3 卷，人民出版社 2012 年版，第 777 页。
2　《马克思恩格斯选集》第 3 卷，人民出版社 2012 年版，第 777 页。

这一阶段的思想内容，将批判的矛头指向维护资产阶级利益的资产阶级共和国和资本主义制度，他们意识到："平等的要求已经不再限于政治权利方面，它也应当扩大到个人的社会地位方面；不仅应当消灭阶级特权，而且应当消灭阶级差别本身。"[1] 这一阶段的空想社会主义便是恩格斯所称的"直接共产主义的理论"[2]。19世纪初为空想社会主义发展的第三阶段。这一阶段，以圣西门、傅立叶、欧文为代表的三大空想社会主义者出现。他们继承并发展了前两个阶段的空想社会主义前辈对资本主义的批判精神和对未来社会的有益探索，同时对18世纪法国启蒙思想家的各

19世纪的三大空想社会主义者画像（从左至右）：法国的圣西门、傅立叶和英国的欧文
克劳德·昂利·圣西门（1760—1825），法国伯爵，19世纪初叶杰出的思想家，代表作有《一个日内瓦居民给当代人的信》（1803）等
夏尔·傅立叶（1772—1837），法国空想社会主义思想家，代表作有《关于四种运动和普遍命运的理论》（1808）等
罗伯特·欧文（1771—1858），英国空想社会主义者、企业家和慈善家，代表作有《新道德世界书》（1836—1849）等

1　《马克思恩格斯选集》第3卷，人民出版社2012年版，第777页。
2　《马克思恩格斯选集》第3卷，人民出版社2012年版，第777页。

种原则进行进一步思考与借鉴，沿用启蒙学派提出的理性和正义等社会原则，将资本主义制度置于"理性的法庭"中审判，在此基础上描绘未来理想社会并分别提出建设方案。

19世纪初的空想社会主义是空想社会主义发展的最高峰。鉴于这种思想理论在空想社会主义发展史上的重要地位，恩格斯详细地分析和评价了19世纪初空想社会主义主要代表人物圣西门、傅立叶和欧文的学说。不同于以杜林为代表的社会主义流派对三大空想社会主义者采取一概否定、完全贬低的态度，马克思恩格斯对三大空想社会主义者的评判持实事求是的科学分析态度，并肯定他们为"三个伟大的空想主义者"[1]。恩格斯对三大空想社会主义者给予高度的评价："使我们感到高兴的，倒是处处突破幻想的外壳而显露出来的天才的思想萌芽和天才的思想，而这些却是那班庸人所看不见的。"[2]他们重视19世纪初空想社会主义者们所作出的历史贡献，并辩证地吸收其中积极的思想成果，为科学社会主义的创立奠定思想基础。

恩格斯将圣西门称为"法国大革命的产儿"[3]，可见法国大革命直接影响了圣西门的理论观点。恩

1　《马克思恩格斯选集》第3卷，人民出版社2012年版，第777页。
2　《马克思恩格斯选集》第3卷，人民出版社2012年版，第781页。
3　《马克思恩格斯选集》第3卷，人民出版社2012年版，第781页。

美术作品《巴士底狱的风暴》。1789年7月,巴黎市民攻占巴士底狱,被认为是法国大革命爆发的象征

格斯概括其社会政治观点主要有:第一,主张科学和工业来领导和组织社会。二者"由一种新的宗教纽带结合起来,而这种纽带是一种必然神秘的和等级森严的'新基督教'",其使命就是恢复从宗教改革时起被破坏了的各种宗教观点的统一"[1]。具体到身份上,学者是科学的代表,而"工业首先就是积极活动的资产者:厂主、商人、银行家"[2]。第二,特别强调要随时随地首先关心"人数最多和最贫穷的阶级"[3],这也是其社会主义学说的出发点和落脚点。第三,提出"人人应当劳动"这一论点。可见他对劳动的重视,批判资产阶级不劳而获并压榨劳动人民的现象。第四,认识到革命及战争背后的阶级性,指出"法国革命是阶级斗争"[4],这场斗争"不仅是贵族和资产阶级之间的,而且是贵族、资产阶级和无财产者之间的阶级斗争"[5]。由此足见圣西门对法国大革命的深刻认识,

---

1　《马克思恩格斯选集》第3卷,人民出版社2012年版,第782页。
2　《马克思恩格斯选集》第3卷,人民出版社2012年版,第782页。
3　《马克思恩格斯选集》第3卷,人民出版社2012年版,第782页。
4　《马克思恩格斯选集》第3卷,人民出版社2012年版,第782页。
5　《马克思恩格斯选集》第3卷,人民出版社2012年版,第782页。

他的这一观点被恩格斯高度评价为"在 1802 年是极
为天才的发现"[1]。第五，他认为"政治是关于生产
的科学，并且预言政治将完全溶化在经济中"[2]，他
看到政治背后的经济是社会的决定性因素。第六，他
还提出"对人的政治统治应当变成对物的管理和对生
产过程的领导"[3]的思想，直白地表达出"废除国家"
的思想。第七，圣西门具有勇气与历史远见。1814
至 1815 年间，面对英国、德国的"反法"形势，他
主张法国与对手结盟，并预见法国与英国"这两个国
家和德国的同盟，是欧洲的繁荣和和平的唯一保障"[4]。
恩格斯评价圣西门极具"天才的远大眼光"[5]，在其影
响下，"后来的社会主义者的几乎所有并非严格意义
上的经济学思想都以萌芽状态包含在他的思想中"[6]。

　　傅立叶的空想社会主义理论则首先体现于对现存
社会制度的深刻批判。他将资本主义社会制度下贫困
的、可怜的、丑恶的现实与当时资产阶级思想家描述
资本主义社会的华丽词句作对比，对资本主义制度进
行辛辣的嘲讽，"无情地揭露资产阶级世界在物质上

1　《马克思恩格斯选集》第3卷，人民出版社2012年版，第783页。
2　《马克思恩格斯选集》第3卷，人民出版社2012年版，第783页。
3　《马克思恩格斯选集》第3卷，人民出版社2012年版，第783页。
4　《马克思恩格斯选集》第3卷，人民出版社2012年版，第783页。
5　《马克思恩格斯选集》第3卷，人民出版社2012年版，第783页。
6　《马克思恩格斯选集》第3卷，人民出版社2012年版，第783页。

和道德上的贫困"[1]。其次，"他第一个表述了这样的思想：在任何社会中，妇女解放的程度是衡量普遍解放的天然尺度。"[2]这个观点在社会主义思想史中为其首创，并受到后继马克思主义者的高度评价，不仅为社会解放设置了明确的标尺，而且鼓舞了一批女性投身到争取妇女解放、社会解放的运动中。第三，他将到当时为止的社会历史阶段划分为蒙昧、野蛮、宗法和文明四个发展阶段，这是其思想中最了不起的地方。他认为所谓的文明时代就是当时的资产阶级社会，这一时代实质上并不"文明"，它并不减少罪恶，相反则使野蛮时代以简单方式犯下的罪恶呈现出复杂的、暧昧的、两面的、虚伪的形式。这一时代由于生产过剩导致贫困，因而在"它不断地重新制造出来而又无法克服的矛盾中运动"[3]并陷入"恶性循环"。无论这种阶段划分是否科学，其伟大之处在于将社会历史看作向前发展、由低级向高级发展的过程。同时，他坚持辩证法的思维方式，将社会历史发展看作动态的过程，认为"每个历史阶段都有它的上升时期，但是也有它的下降时期"[4]。在这种观点下，他看到了资本主义社会的暂时性，进而抨击资产阶级口中的"资

1　《马克思恩格斯选集》第3卷，人民出版社2012年版，第783页。
2　《马克思恩格斯选集》第3卷，人民出版社2012年版，第784页。
3　《马克思恩格斯选集》第3卷，人民出版社2012年版，第784页。
4　《马克思恩格斯选集》第3卷，人民出版社2012年版，第784页。

本主义社会的永恒性"。此外，"他还把这种考察方法运用于整个人类的未来"，"把人类将来会走向灭亡的思想引入历史研究"。[1]

    恩格斯将欧文视为天生的领导者。由于他"接受了唯物主义启蒙学者的学说：人的性格是先天组织和人在自己的一生中，特别是在发育时期所处的环境这两个方面的产物"[2]这一观点，因此尤为重视通过环境来影响人。在这种思想的指导下，他在曼彻斯特领导一个有 500 多工人的工厂试行这一理论；1800 至 1829 年间，他继续施行这一理论来管理苏格兰的新拉纳克大棉纺厂，把新拉纳克变成"一个完善的模范

18 世纪末 19 世纪初英国的工厂面貌

1   参见《马克思恩格斯选集》第 3 卷，人民出版社 2012 年版，第 784 页。

2   《马克思恩格斯选集》第 3 卷，人民出版社 2012 年版，第 785 页。

移民区"[1]，并且使其闻名欧洲。这是因为他始终重视改造环境，"他使人生活在比较合乎人的尊严的环境中，特别是让成长中的一代受到精心的教育"[2]。在新拉纳克的实验中，他还深刻地认识到是劳动阶级创造了新财富，而这种财富便是改造社会的力量。劳动阶级创造劳动果实，因而"果实也应当属于劳动阶级"[3]；劳动阶级创造的强大的社会生产力，"作为大家的共同财产只应当为大家的共同福利服务"[4]。恩格斯指出，"欧文的共产主义就是通过这种纯粹商业的方式"[5]，他的社会主义思想"始终都保持着这种面向实际的性质"[6]。此外，他指出私有制、宗教和当时的婚姻形式是阻碍社会改革的三大障碍，并积极向这些障碍进行进攻。他因为共产主义试验失败一贫如洗，进而直接转向工人运动并在其中进行了30年的活动。"当时英国的有利于工人的一切社会运动、一切实际进步，

新拉纳克是英国苏格兰18世纪一处风景优美的村庄，是欧文创建工业化社区的最早模型，2001年被列入《世界文化遗产名录》

1　《马克思恩格斯选集》第3卷，人民出版社2012年版，第786页。
2　《马克思恩格斯选集》第3卷，人民出版社2012年版，第786页。
3　《马克思恩格斯选集》第3卷，人民出版社2012年版，第787页。
4　《马克思恩格斯选集》第3卷，人民出版社2012年版，第787页。
5　《马克思恩格斯选集》第3卷，人民出版社2012年版，第787页。
6　《马克思恩格斯选集》第3卷，人民出版社2012年版，第787页。

都是和欧文的名字联在一起的。"[1] 欧文的历史性贡献不仅在于其积极的思想理论，而且还在于他积极投身推进社会主义实践的行动。

然而，三大空想社会主义者的思想不可避免地具有历史局限性。马克思恩格斯在《共产党宣言》中指出："批判的空想的社会主义和共产主义的意义，是同历史的发展成反比的。"[2] 在社会革命实践活动的检验之下，"这种反对阶级斗争的幻想，就越失去任何实践意义和任何理论根据"[3]。对此，马克思恩格斯始终坚持在批判中继承空想社会主义，这也正是因为他们既看到其历史进步性，也准确地认识到空想社会主义中裹挟着历史局限性。正如恩格斯所言："不成熟的理论，是同不成熟的资本主义生产状况、不成熟的阶级状况相适应的。"[4]19 世纪初空想社会主义的产生，正处于大工业在英国刚刚兴起的阶段，资本主义生产尚未充分发展，资本主义基本矛盾尚未充分暴露。大工业不仅是资本主义发展的动力引擎，是资本主义发展水平的重

中共一大会址收藏的《共产党宣言》正文首页

1　《马克思恩格斯选集》第3卷，人民出版社2012年版，第788页。

2　《马克思恩格斯选集》第1卷，人民出版社2012年版，第432页。

3　《马克思恩格斯选集》第 1 卷，人民出版社 2012 年版，第432—433页。

4　《马克思恩格斯选集》第3卷，人民出版社2012年版，第780页。

要标志，而且还激发阶级冲突的产生，并以巨大的生产力解决这些冲突与矛盾。由于资本主义生产状况的不成熟，体现在社会关系上则是无产阶级力量的薄弱，两大阶级间的对立尚未能完全展现与激发。无产阶级尚无力帮助自己，最多只能借助外在力量取得帮助，难以提出指导其斗争的成熟思想，更是难以对空想社会主义进行进一步的完善。三大空想社会主义者的思想是 19 世纪初不成熟的资本主义生产状况和不成熟的阶级状况的产物，随着资本主义生产力的进一步发展、无产阶级的日渐成熟与工人运动的兴起，其逐渐表现出僵化保守的一面。这表明，曾经在人类历史上起先进作用的空想社会主义早已完成其历史使命，理应被一种更加现实、更加科学的思想体系所取代。科学社会主义的创立，是历史不可阻挡的潮流。

2. 解锁科学社会主义的科学秘钥，阐明科学社会主义的理论基石

在对社会主义发展史作简要而深刻的阐述之后，恩格斯揭示出空想社会主义的革命性与先进性逐渐消失，全新的、科学的思想体系必然会登上历史舞台。在这一形势下，社会主义如何从空想发展为科学，成为社会主义学说亟须回答的问题。对此，恩格斯明确回答："为了使社会主义变为科学，就必须首先把它

置于现实的基础之上。"[1]虽然英法空想社会主义是科学社会主义的思想材料，但科学社会主义始终要深深扎根在物质的经济的事实中。也就是说，科学社会主义的创立首先必须从社会最基础的生产领域出发，揭示资本主义生产方式的内在矛盾及其产生、发展、灭亡的规律。而要做到这样，则必须先变革扬弃旧有的思维方式，建立崭新而科学的思维方式。

赫拉克利特（约前544—前483），古希腊哲学家，著有《论自然》一书，现有残篇留存

恩格斯首先转向西方哲学发展史的考察，探讨不同思维方式的优点及缺陷。他首先从古希腊的朴素辩证法开始追溯，指出"古希腊的哲学家都是天生的自发的辩证论者"[2]，他们中的赫拉克利特最先表述出这种原始的、朴素的辩证法思想，而他们中最博学的人物亚里士多德的著作中就充满了辩证法的思想，并"已经研究了辩证思维的最主要的形式"[3]。这种古代朴素辩证法从"种种联系和相互作用"[4]、从事物的"运动、变化、生成和消逝"[5]等方面来考察自然界、人类历史或是精神活动。"但是，这种观点虽然正确地

古罗马时代的亚里士多德雕像，条纹大理石斗篷为现代所加。亚里士多德(前384—前322)，古代先哲，古希腊人，世界古代史上伟大的哲学家、科学家和教育家之一，堪称希腊哲学的集大成者，代表作有《尼各马可伦理学》（约前330年）等

1　《马克思恩格斯选集》第3卷，人民出版社2012年版，第789页。
2　《马克思恩格斯选集》第3卷，人民出版社2012年版，第789页。
3　《马克思恩格斯选集》第3卷，人民出版社2012年版，第789页。
4　《马克思恩格斯选集》第3卷，人民出版社2012年版，第790页。
5　《马克思恩格斯选集》第3卷，人民出版社2012年版，第790页。

把握了现象的总画面的一般性质，却不足以说明构成
这幅总画面的各个细节；而我们要是不知道这些细节，
就看不清总画面。"[1] 古代的朴素辩证法虽然是"实
质上正确的世界观"[2]，然而却带有自发性、猜测性
的缺陷。

随着近代生产和自然科学的发展，研究越发精细
化、专门化，更加要求对研究对象的特性、原因和结
果进行分门别类的研究。恩格斯指出，正是基于此，
形而上学的思维方式应运而生。形而上学者坚持孤立、
片面、静止地考察事物，同时认为事物是确定的、不
变的研究对象。这种思维方式曾适应并推进了近代自

然科学研究的发展，其"把自然界分解为各个
部分，把各种自然过程和自然对象分成一定的
门类，对有机体的内部按其多种多样的解剖
形态进行研究，这是最近 400 年来在认识自然
界方面获得巨大进展的基本条件"[3]。这种"是
就是，不是就不是"的思维方式有其合乎"常
识"的一面。因为日常生活中人们所要认识的具体事
物往往具有确定性和稳定性。恩格斯认为，这种思
维方式可以帮助我们在日常生活中肯定某种动物是存
在或是不存在。然而，一旦跨入广阔的研究领域，"它

查尔斯·罗伯特·达
尔文（1809—1882），
英国生物学家，进
化论的奠基人，代
表作有《物种起源》
（1859）、《人类
的由来及性选择》
（1871）等。进化论
是近代自然科学三
大发现之一

1　《马克思恩格斯选集》第3卷，人民出版社2012年版，第790页。
2　《马克思恩格斯选集》第3卷，人民出版社2012年版，第790页。
3　《马克思恩格斯选集》第3卷，人民出版社2012年版，第791页。

施莱登（图左）和施旺（图右）是细胞学说的创始人，细胞学说是近代自然科学三大发现之一。

马蒂亚斯·雅各布·施莱登（1804—1881），德国植物学家，代表论文有《植物发生论》（1838）等

西奥多·施旺（1810-1882），德国生理学家，代表论文有《关于动植物的结构和生长的一致性的显微研究》（1839）等

19世纪科学家（图从左至右）焦耳、迈尔、赫姆霍兹等为能量守恒定律作出突出贡献，能量守恒定律是近代自然科学三大发现之一。

詹姆斯·普雷斯科特·焦耳（1818—1889），英国物理学家，英国皇家学会会员，代表论文有《论电磁的热效应和热的机械值》（1843）等

尤利乌斯·罗伯特·冯·迈尔（1814—1878），德国物理学家、医生，代表论文有《论无机界的力》（1842）等

赫尔曼·冯·赫姆霍兹（1821—1894），德国物理学家、生理学家、生物物理学家，代表论文有《论力的守恒》（1847）等

每一次迟早都要达到一个界限，一超过这个界限，它就会变成片面的、狭隘的、抽象的，并且陷入无法解决的矛盾"[1]。恩格斯在精密的考察中发现，任何有机体在每一瞬间既是其本身又不是其本身；彼此矛盾的正负极总在互相渗透；原因和结果也处在转换之中。这样的现实事实为形而上学思维所不能容纳，却正好印证了辩证法思维的正确性，"因为辩证法在考察事物及其在观念上的反映时，本质上是从它们的联系、它们的联结、它们的运动、它们的产生和消逝方面去考察的。"[2]而辩证法的科学性也在现代科学的发展、自然界的检验中得到验证，可见，"要精确地描绘宇宙、宇宙的发展和人类的发展，以及这种发展在人们头脑中的反映，就只有用辩证的方法"[3]。自此，辩证法取代形而上学，成为通向科学认识的必然选择。

随着形而上学思维方式的矛盾性逐渐暴露，使得康德、黑格尔等近代德国哲学家逐步恢复辩证法的思维方式。恩格斯高度评价黑格尔，认为"近代德国哲学在黑格尔的体系中完

伊曼努尔·康德（1724—1804），德国哲学家、作家，德国古典哲学创始人，代表作有《纯粹理性批判》（1781）、《实践理性批判》（1788）和《判断力批判》（1790）

1　《马克思恩格斯选集》第3卷，人民出版社2012年版，第791—792页。

2　《马克思恩格斯选集》第3卷，人民出版社2012年版，第792—793页。

3　《马克思恩格斯选集》第3卷，人民出版社2012年版，第793页。

成了"[1]。他的伟大功绩在于第一次"把整个自然的、历史的和精神的世界描写为一个过程,即把它描写为处在不断的运动、变化、转变和发展中,并企图揭示这种运动和发展的内在联系"[2]。他还提出要解释人类本身发展过程的内在联系性,这是他的划时代功绩,尽管他没有解决自己提出的这一任务。这是因为,黑格尔受到知识广度与深度、时代条件及其唯心主义哲学体系的限制。他的唯心主义世界观,使他坚持"事物及其发展只是在世界出现以前已经以某种方式存在着的'观念'的现实化的反映"[3]。也就是说,他认为意识决定物质,"这样,一切都被头足倒置了,世界的现实联系完全被颠倒了"[4]。

要克服黑格尔辩证法体系的荒谬性与矛盾性,就必须将其"颠倒的世界观"颠倒回来,将辩证法置于唯物主义的基础之上,使之走向科学。这种建立于唯物主义基础之上的辩证法,即是马克思恩格斯创立的唯物辩证法,即是科学的思维方法。同时,唯物辩证法在对唯心辩证法的改造过程中,实现了对黑格尔辩证法的超越与变革:其一,把黑格尔从概念出发

格奥尔格·威廉·弗里德里希·黑格尔(1770—1831),德国19世纪唯心主义哲学的代表人物之一、德国古典哲学的代表人物之一,代表作有《精神现象学》(1807)、《法哲学原理》(1821)等

1 《马克思恩格斯选集》第3卷,人民出版社2012年版,第793页。
2 《马克思恩格斯选集》第3卷,人民出版社2012年版,第793页。
3 《马克思恩格斯选集》第3卷,人民出版社2012年版,第794页。
4 《马克思恩格斯选集》第3卷,人民出版社2012年版,第794页。

的理性辩证法改造为从现实出发的唯物辩证法。也就
是说，马克思恩格斯打破唯心主义外壳对辩证法的禁
锢，将"思维优先"颠倒为"存在优先"。其二，依
据"存在优先"这一哲学总原则，马克思恩格斯认为，
物质决定意识，而不是黑格尔所言的观念决定存在。
这样，他们将思想视为现实事物和过程的抽象反映，
而不是将事物及其发展视为某种观念的反映。其三，
他们看到黑格尔辩证法的不彻底性，并将这种不彻底
的辩证法改造为彻底的辩证法。恩格斯指出："黑格
尔把历史观从形而上学中解放了出来，使它成为辩证
的，可是他的历史观本质上是唯心主义的。"[1]马克
思恩格斯对此进行改造，使"唯心主义从它的最后的
避难所即历史观中被驱逐出去了"[2]，不仅实现了历
史观上的彻底的辩证法，而且实现了辩证法在自然观
和历史观上的彻底贯彻。

恩格斯指出，唯物辩证法与18世纪机械的唯物
主义从根本上存在不同，它克服了旧唯物主义的机械
性、形而上学性、不彻底性，在坚持物质对意识的决
定性作用的基础上，认为事物内部矛盾双方的对立统
一促进事物不断由低级向高级发展。"天体和在适宜
条件下生存在天体上的有机物种都是有生有灭的；至

1　《马克思恩格斯选集》第3卷，人民出版社2012年版，第796页。
2　《马克思恩格斯选集》第3卷，人民出版社2012年版，第796页。

于循环，即使能够存在，其规模也要大得无比。"[1]
唯物辩证法已经被自然科学领域内的大量事实验证了
其正确性。唯物辩证法的创立不仅引发了自然观上的
变革，而且从历史观上带来革命性变革，即唯物史观
的创立。马克思将彻底的唯物辩证法运用到历史发展
的研究中，区别于唯心主义者所认为的人的思想动机
是社会发展的根本原因，他将社会历史看作人类本身
的发展过程，而这样的人类是立足于现实基础之上
的，因而必须要考察他们所处的物质生活条件并从中
探寻发展过程的运动规律。恩格斯指出："马克思和
我，可以说是唯一把自觉的辩证法从德国唯心主义哲
学中拯救出来并运用于唯物主义的自然观和历史观的
人。"[2] 马克思恩格斯把唯物辩证法作为他们自然观、
历史观的指导方法，从而创立了"现代唯物主义"，
实现了自然观和历史观的双重革命性变革。

"现代唯物主义把历史看做人类的发展过程，
而它的任务就在于发现这个过程的运动规律。"[3] 为
探索社会历史发展的规律，马克思恩格斯着手研究历
史本身。与此同时，促进他们研究社会历史发展及其
规律的有利条件已经发生。19 世纪 30 至 40 年代，
当时的欧洲社会发生了一些足以引起历史观发生决定

1　《马克思恩格斯选集》第3卷，人民出版社2012年版，第795页。
2　《马克思恩格斯选集》第3卷，人民出版社2012年版，第385页。
3　《马克思恩格斯选集》第3卷，人民出版社2012年版，第795页。

1836 至 1848 年，英国工人们为得到自己应有的权利而掀起宪章运动

性转变的历史事实，即当时已经发生的法国里昂第一次工人起义、英国的宪章运动。由于英法两国资本主义的发展，资产阶级在政治上取得统治地位，然而他们极力宣传的"劳资利益一致""自由竞争带来普遍繁荣和幸福"的说辞，却与他们经济上剥削、政治上压迫无产阶级的事实表现相互矛盾。他们既不改善工人阶级的生活状况，也不给予工人阶级充分的权利，整个社会呈现出对立分化的局面。两大阶级间冲突、斗争的激发，表现为工人运动大规模爆发。可见，在英法等资本主义发达国家，资产阶级与无产阶级的矛盾逐渐取代资产阶级与封建地主阶级的矛盾，上升为社会的主要矛盾。无产阶级革命实践要求创立无产阶级的科学理论体系。但在当时，由于唯心史观的局限性——"不知道任何基于物质利益的阶级斗争，而且根本不知道任何物质利益；生产和一切经济关系，在它那里只是被当做'文化史'的从属因素顺便提一下"[1]，建立于唯心史观基础之上的空想社会主义根本无法正确地认识到阶级斗争的实质及其

1　《马克思恩格斯选集》第 3 卷，人民出版社 2012 年版，第 796 页。

在阶级社会发展中的革命性作用。

在这样的时代背景下，马克思恩格斯运用科学的思维方法——唯物辩证法，对过往的全部历史进行研究，创立了不同于以往哲学史上的一切历史观的科学的历史观，即唯物史观。对于唯物史观最基本的原理，恩格斯在该书中作出了经典的表述："唯物主义历史观从下述原理出发：生产以及随生产而来的产品交换是一切社会制度的基础；在每个历史地出现的社会中，产品分配以及和它相伴随的社会之划分为阶级或等级，是由生产什么、怎样生产以及怎样交换产品来决定的。"[1] 唯物史观的创立，体现了现代唯物主义体系中唯物主义的自然观和历史观的高度统一，实现了彻底的唯物主义。这种世界观主张"用人们的存在说明他们的意识。而不是像以往那样用人们的意识说明他们的存在"[2]，成为正确研究人类社会历史发展的路径指导。

唯物史观为科学社会主义的创立提供哲学基础。唯物史观认为，生产力和生产关系、经济基础和上层建筑的矛盾运动是社会发展的内因。因此，随着生

《社会主义从空想到科学的发展》是一部系统阐述科学社会主义理论的著作

---

1 《马克思恩格斯选集》第3卷，人民出版社2012年版，第797页。
2 《马克思恩格斯选集》第3卷，人民出版社2012年版，第796页。

产力的发展，资本主义必然为社会主义所代替。它彻底消除了以往思想理论对人民群众实践的忽视，强调人民群众是历史的创造者。这些哲学性观点为科学社会主义理论体系所吸收。它指出："所以，一切社会变迁和政治变革的终极原因，不应当到人们的头脑中，到人们对永恒的真理和正义的日益增进的认识中去寻找，而应当到生产方式和交换方式的变更中去寻找；不应当到有关时代的**哲学**中去寻找，而应当到有关时代的**经济**中去寻找。"[1] 这为马克思恩格斯研究人类社会历史发展提供了正确的思维指导。在唯物史观的哲学指导下，马克思恩格斯从社会生产方式和交换方式中找到了历史发展的动因，发现了人类社会历史发展的规律，明晰了社会发展的动力因素。

唯物史观的发现，促进了马克思剩余价值学说的创立。马克思恩格斯以唯物史观为指导，从资本主义生产方式和交换方式的领域出发，对资本主义生产方式进行深刻的剖析，进而发现了剩余价值学说。马克思看到，资本主义经济的最根本结构在其生产关系结构的核心——所有制结构。在这种结构下，生

《资本论》全书共三卷，以剩余价值为中心，对资本主义进行了彻底的批判

1　《马克思恩格斯选集》第 3 卷，人民出版社 2012 年版，第 797—798 页。

产资料为资本家集中占有，无产阶级因失
去作为劳动条件的生产资料不得不将自己
的劳动力出卖给资本家而获得生存的物质
资料。于是，一无所有的无产阶级只能将
其劳动力作为商品卖出。劳动力成为商品，
并像其他商品一样被资本家赋予价格（工
资）。同样的，作为商品的劳动力也自然
具备了价值和使用价值两个因素。劳动力
商品的价值，是由生产和再生产劳动力商
品的社会必要劳动时间决定的，资本家以劳动力商品
的"必要劳动价值"作为劳动者劳动力价格（工资）
的因素。表面看来，资本家和劳动者似乎是自由的、
平等的交易关系：劳动者出卖自己的劳动力以求获取
工资，资本家根据劳动者的"必要劳动价值"给予其
工资。但马克思深刻地认识到劳动力使用价值的特殊
性：由于劳动力的使用价值是劳动者的劳动生产的能
力，这使得劳动者在劳动过程中不仅创造商品价值，
而且创造出比自身价值更大的价值，这便是劳动者劳
动力的"全部价值"。资本家占有着劳动力创造的"全
部价值"，却以生产它的劳动力"必要劳动价值"给
予劳动者工资。这种"全部价值"与"必要劳动价值"
之间的差额，便是"剩余价值"。可见，看似自由的、
平等的资本家与劳动者之间的交易关系背后，实质上
是资本家对劳动者劳动力价值的剥削、劳动成果的支

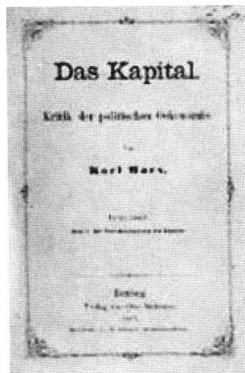

第一版《资本论》
封面

配、剩余价值的无偿占有。这也正如恩格斯所言："即使资本家按照劳动力作为商品在商品市场上所具有的全部价值来购买他的工人的劳动力，他从这种劳动力榨取的价值仍然比他对这种劳动力的支付要多"[1]。然而，资本家在生产中将剩余价值不断地投入生产，购买劳动力，以转化为资本而实现资本积累，从而巩固其在经济上和政治上的统治地位。

剩余价值学说为科学社会主义的创立提供了经济学基础。"这个问题的解决是马克思著作的划时代的功绩。这个问题的解决使明亮的阳光照进了经济学的各个领域，而在这些领域中，从前社会主义者也曾像资产阶级经济学家一样在深沉的黑暗中摸索。科学社会主义就是以这个问题的解决为起点，并以此为中心的。"[2]可见，剩余价值学说回应了唯物史观对历史的看法，从社会生产领域出发，科学地揭示了资产阶级剥削工人阶级的秘密，说明了无产阶级和资产阶级对立、斗争的经济根源。同时，在此基础上抨击了资本主义制度的虚伪性、欺骗性与狭隘性，使无产阶级彻底地摆脱了对资产阶级的幻想，并意识到从无产阶级自身寻找解放全人类、实现社会主义革命的方法。剩余价值学说还科学地说明了资本主义生产方式的产

1　《马克思恩格斯选集》第3卷，人民出版社2012年版，第797页。
2　《马克思恩格斯选集》第3卷，人民出版社2012年版，第584页。

生、发展及其历史作用、存在的必然性，指出它最终束缚生产力发展的缘由，从而科学地揭示了资本主义必将为社会主义所代替的历史性规律。剩余价值学说使得科学社会主义完全摒弃了以往社会主义对资本主义纯粹情感、道德、伦理层面上的谴责与抨击的主观性局限，而从社会经济领域出发，运用经济学的分析方法科学地揭示了人类社会历史发展的规律，是社会主义科学化的直接理论基石。

崭新的、科学的思维方法——唯物辩证法的产生，使得马克思发现了唯物史观和剩余价值学说，并使社会主义突破了空想社会主义的空想性，真正地置于现实的基础上。对此，恩格斯得出结论："这两个伟大的发现——唯物主义历史观和通过剩余价值揭开资本主义生产的秘密，都应当归功于**马克思**。由于这两个发现，社会主义变成了科学"[1]。也就是说，唯物史观与剩余价值学说，是社会主义从空想变成科学的秘钥，成为科学社会主义的两大理论基石。

3. 考察资本主义社会的历史进程，阐述科学社会主义的基本原理

基于唯物史观的原理，恩格斯指出，应当从生产

1　《马克思恩格斯选集》第3卷，人民出版社2012年版，第797页。

方式和交换方式的变更中、从有关时代的经济中去寻找社会变迁和政治变革的终极原因。也就是说，要解答"现代社会主义是怎么回事"这一问题，也要从资本主义生产方式中找寻答案，探寻科学社会主义的经济根源。对此，恩格斯认为，资本主义社会进入大工业阶段以后，资本主义生产力就以前所未闻的速度和规模发展起来。然而，"新的生产力已经超过了这种生产力的资产阶级利用形式"[1]，即是说，大工业带来的新的生产力受到资本主义生产关系的禁锢。资本主义社会中生产力和生产关系之间的这种冲突，是不为人的意志所转移地、客观地存在于事实中的。"现代社会主义不过是这种实际冲突在思想上的反映，是它在头脑中，首先是在那个直接吃到它的苦头的阶级即工人阶级的头脑中的观念上的反映。"[2]科学社会主义是资本主义生产力和生产关系矛盾的理论表现。因此，在正文的第三部分中，恩格斯对资本主义社会产生和发展的历史进程进行了考察，揭示了资本主义生产力和生产关系的发展状况，生动地阐述了科学社会主义的基本原理。

恩格斯首先考察了资本主义生产方式的历史进程及其历史作用。最初的资本主义生产方式萌芽于15

1　《马克思恩格斯选集》第3卷，人民出版社2012年版，第798—799页。

2　《马克思恩格斯选集》第3卷，人民出版社2012年版，第799页。

世纪，其主要形式是简单协作，即许多人集中在一起、有计划地进行共同劳动。至16世纪中叶，资本主义生产进入工场手工业阶段。

16世纪，资本主义工场手工业阶段的场景

此时，以分工为基础的协作形成，为了满足分工需要，劳动工具逐渐分化、专门化，劳动生产率大幅度提高，生产社会化程度大大提升。18世纪60年代工业革命发生，资本主义生产进入机器大工业阶段。机器大工业生产方式的确立，使得资本主义生产完全具备了社会化生产的性质。可见，资本主义生产方式的历史进程，就是生产社会化程度不断提升并最终确立社会经济主导地位的过程。生产社会化是资本主义生产方式的重要特征，并促进生产力的进一步发

随着工业革命的发生，资本主义生产进入机器大工业阶段

展。恩格斯指出："资产阶级要是不把这些有限的生产资料从个人的生产资料变为**社会化的**即只能由**一批人共同使用**的生产资料，就不能把它们变成强大的生产力。"[1] 生产资料使用的社会化促进生产力的提升。再者，生产社会化，不仅使生产过程由独立的个人行动变为分工的有协作的社会行动，而且使各领域部门在协作中扩大生产规模。纵观资本主义生产方式的历史进程，生产力的提升使得生产逐渐社会化，而同时生产社会化又促进了生产要素的流动，紧密了生产领域的协作，提高了劳动生产率，使得物质生产进程加快。这是资本主义生产方式的历史性作用。

　　正是生产社会化与资本主义生产方式与生俱来的紧密联系，使得资本主义自身具有不可克服的基本矛盾。在实行了社会化生产的资本主义社会中，无论是生产资料、生产过程以及产品占有都不再是个体性质而是具有了社会性质。然而，"这些社会化的生产资料和产品还像从前一样仍被当做个人的生产资料和产品来处理"[2]。占社会少数的资本家利用其经济上和政治上的优势，大量占有本该属于社会的生产资料和劳动产品。然而，他们却仅是生产资料和劳动产品的占有者，而不参与到生产资料的使用和劳动产品的生产过程中。可见，社会化生产和资本主义私人占有之

1　《马克思恩格斯选集》第3卷，人民出版社2012年版，第799页。
2　《马克思恩格斯选集》第3卷，人民出版社2012年版，第801页。

间存在天然且必然的冲突与矛盾，这便是资本主义不可回避、难以克服的基本矛盾，这一矛盾也是资本主义生产力和生产关系之间存在矛盾的反映。在以往的私有制社会中，个人的私人生产决定了私人生产资料和劳动产品，在此基础上生产关系表现为适应个人的私人生产的生产资料私有制。而资本主义生产方式早已从个体的私人生产变为社会化生产。生产力发生质的提升，必然要求在生产关系上作出相应的变革。然而在这样的形势下，资本主义仍然固守早已与其生产力发展不相适应的私人占有的所有制形式。实际上，资本主义社会化生产受到其生产关系的桎梏。资本主义基本矛盾"已经包含着现代的一切冲突的萌芽"[1]。资本主义生产方式越发展，**"社会化生产和资本主义占有的不相容性，也必然越加鲜明地表现出来"**[2]。而这种具体表现形式主要有两种：第一，在阶级关系上表现为**"无产阶级和资产阶级的对立"**[3]。第二，在生产方式上表现为**"个别工厂中生产的组织性和整个社会中生产的无政府状态之间的对立"**[4]。

　　资本主义基本矛盾及其表现形式是资本主义生产方式与生俱来且无法克服的。资本主义愈是发展，

1　《马克思恩格斯选集》第3卷，人民出版社2012年版，第801页。
2　《马克思恩格斯选集》第3卷，人民出版社2012年版，第802页。
3　《马克思恩格斯选集》第3卷，人民出版社2012年版，第802页。
4　《马克思恩格斯选集》第3卷，人民出版社2012年版，第804页。

1857 年第一次世界性经济危机中银行挤兑的场景

其矛盾冲突只会愈加尖锐化，资本主义经济危机必然爆发。恩格斯分析到，在社会生产的无政府状态的推动下，资本家会不自觉地执行两种强制性命令：第一，资本家不断改进自己的机器。资本家为了攫取更多的利润，为了在激烈的市场竞争中免遭淘汰，不断改进自己的机器，提高机器的生产效率。这样的结果是：工人阶级愈加贫困。由于机器改进，劳动者的需求量减少，造成劳动者被迫失业，就业市场中劳动者数量过剩。因此，资本家在生产时可以任意支配失业者，甚至将工人阶级的工资降低到只够维持其生存的低水平上。工人阶级

资本主义生产方式具有无法克服的基本矛盾

为维持生存，不得不接受被剥削的现状。这样，一边是资本家财富的不断积累，另一边却是无产阶级的贫困不断积累，社会贫富两极分化加剧。第二，资本家不断扩大生产规模。这是资本家追求更多剩余价值的必然选择。由于社会生产的无政府状态，资本家容易盲目地扩大生产规模，生产出大量超过市场需求的产品。因而，无限扩大的生产力与实际购买力不足之间存在矛盾与张力，导致经济危机爆发。接着，恩格斯对1825年至1877年期间的六次经济危机进行分析，恩格斯指出，这几次危机实质上是由生产相对过剩所引起的。所谓的生产相对过剩是指生产的商品超过了工人阶级有支付能力的需求。为应对生产相对过剩，资本家首先会大量堆积、闲置甚至毁坏产品。这样，由于没有利润收入，工厂停工甚至破产，生产停滞，工人阶级失业且贫困加剧。最后，资本家不得不低价卖出剩余的产品，生产和交换逐步恢复。然而，由于社会生产的无政府状态的再次推动，执行强制命令再次牵引经济生产，经济危机又会再次爆发，造成新的"恶性循环"。由此，恩格斯指出，资本主义经济危机具有周期性。

资本主义经济危机的愈发频繁发生，已经昭示了资本主义生产方式无法驾驭日益增长、要求彰显社会本性的生产力。这也迫使资本家阶级在资本关系内部可能的限度内进行改良，在一定程度上承认生产力的

托拉斯实质上是垄断组织的一种形式

社会本性，以克服经济危机。恩格斯指出，资产阶级依次以股份公司、托拉斯、国家财产的形式，对生产关系进行调整。随着生产的发展，股份公司这种形式又渐渐无法适应生产力的要求，因而大生产联合为"托拉斯"以进行生产调节。托拉斯实质上是垄断组织的一种形式，它使"整个工业部门变为一个唯一的庞大的股份公司"[1]。这个公司规定生产总量，分配彼此的产量，规定出售价格，对相应部门进行垄断。垄断显然对资本家是有利的，却也彰显出露骨的剥削性质，以致垄断形式必然引发抗争从而走向崩溃。正如恩格斯所指出的："任何一个民族都不会容忍由托拉斯领导的生产，不会容忍由一小撮专靠剪息票为生的人对全社会进行如此露骨的剥削。"[2]最后，"资本主义

1　《马克思恩格斯选集》第3卷，人民出版社2012年版，第809页。
2　《马克思恩格斯选集》第3卷，人民出版社2012年版，第809页。

社会的正式代表——国家终究不得不承担起对生产的
管理"[1]。国家财产形式下现代生产力的社会本性得
到进一步承认，但"生产力归国家所有不是冲突的解
决"[2]。可见，"无论向股份公司和托拉斯的转变，
还是向国家财产的转变，都没有消除生产力的资本属
性。"[3]这些仅局限于资本关系内部的改良措施根本
无法克服经济危机。在剖析国家财产这一调节资本主
义生产关系的形式时，恩格斯阐发
了他的国家学说，揭示了资本主义
国家的本质属性："而现代国家也
只是资产阶级社会为了维护资本主
义生产方式的一般外部条件使之不
受工人和个别资本家的侵犯而建立
的组织。现代国家，不管它的形式
如何，本质上都是资本主义的机器，
资本家的国家，理想的总资本家。"[4]

现代国家本质上具有阶级性与剥削性。"它越是
把更多的生产力据为己有，就越是成为真正的总资本
家，越是剥削更多的公民。"[5]资产阶级和无产阶级
的冲突和对立由此更加走向尖锐。在现代国家，"资

现代国家是资本家
的国家，理想的总
资本家

<hr>

1　《马克思恩格斯选集》第3卷，人民出版社2012年版，第809页。
2　《马克思恩格斯选集》第3卷，人民出版社2012年版，第810页。
3　《马克思恩格斯选集》第3卷，人民出版社2012年版，第810页。
4　《马克思恩格斯选集》第3卷，人民出版社2012年版，第810页。
5　《马克思恩格斯选集》第3卷，人民出版社2012年版，第810页。

本关系并没有被消灭，反而被推到了顶点。但是在顶点上是要发生变革的。"[1] 这昭示着社会变革将不可避免地发生。资本主义范围内生产关系的调整，是不触动资本主义私有制的局部调整，在一定程度上会缓解社会化生产和资本主义私人占有之间的矛盾，但却无法从根本上解决这一矛盾。当这些调整无法适应生产力的发展时，资本主义基本矛盾将被激化，资本主义生产关系将阻碍生产力的发展，资本主义制度将演变为不适应生产力发展的社会制度。可见，资本主义必然走向灭亡。那么，应当如何彻底地解决资本主义基本矛盾的冲突呢？恩格斯解答："这种解决只能是在事实上承认现代生产力的社会本性，因而也就是使生产、占有和交换的方式同生产资料的社会性质相适应。而要实现这一点，只有由社会公开地和直接地占有已经发展到除了适于社会管理之外不适于任何其他管理的生产力。"[2] 也就是说，解决基本矛盾的根本途径应当是由社会占有生产力，这就意味着，必须要变革资本主义生产关系，用社会主义公有制代替资本主义私有制。恩格斯认为，生产力作为一种社会力，同自然力一样，只有认识它，理解它的活动、方向和作用，才能使它越来越服从人类的意志并为人类所利

1　《马克思恩格斯选集》第3卷，人民出版社2012年版，第810页。

2　《马克思恩格斯选集》第3卷，人民出版社2012年版，第811页。

用。这是生产力得以发挥积极作用的前提。而由社会
占有生产力，即"以现代生产资料的本性为基础的产
品占有方式"[1]，就是"人们按照今天的生产力终于
被认识了的本性来对待这种生产力"[2]，从而使生产
力真正变为生产本身最有力的杠杆。可见，社会主义
公有制代替资本主义私有制是解放生产力、发展生产
力的必然要求，社会主义取代资本主义成为必然结果。
恩格斯由此阐述了资本主义必然灭亡、社会主义必然
胜利的基本原理。

那么，究竟怎样实现资本主义向社会主
义的转变呢？对此，恩格斯具体论述了变革资
本主义的主体力量和实现方式。恩格斯指出：
"资本主义生产方式日益把大多数居民变为无
产者，从而就造成一种在死亡的威胁下不得不
去完成这个变革的力量。"[3]也就是说，无产
阶级伴随着资产阶级而出现，从而成为其掘墓
人。随着资本主义国家的出现，不断地"迫使人们把
大规模的社会化的生产资料变为国家财产"[4]，从而
导致无产阶级人数增多，所受剥削加重、贫困加剧。
在这个过程中，无产阶级在大工业中不断成长，他们

欧仁·鲍狄埃(1816—
1887)，法国革命家，
法国工人诗人，巴
黎公社的主要领导
人之一，《国际歌》
的词作者。《国际歌》
是全世界无产阶级
的战歌，号召全世
界无产者联合起来

1　《马克思恩格斯选集》第3卷，人民出版社2012年版，第
　　811—812页。
2　《马克思恩格斯选集》第3卷，人民出版社2012年版，第811页。
3　《马克思恩格斯选集》第3卷，人民出版社2012年版，第812页。
4　《马克思恩格斯选集》第3卷，人民出版社2012年版，第812页。

巴黎公社社员墙，这面墙承载着无产阶级至死不渝的斗争精神

日益富有先进性、革命性、组织性和纪律性，并依靠技术进步加强彼此联系，成立无产阶级组织。面对资产阶级的剥削与压迫，他们理性、主动地要求推翻资产阶级的统治，成为变革资本主义强有力的革命力量。在推翻资产阶级统治的过程中，他们应当采取无产阶级革命的形式，实现"矛盾的解决"——"无产阶级将取得公共权力，并且利用这个权力把脱离资产阶级掌握的社会化生产资料变为公共财产。通过这个行动，无产阶级使生产资料摆脱了它们迄今具有的资本属性，使它们的社会性质有充分的自由得以实现。"[1]无产阶级革命是阶级斗争的最高形式，也是变革资本主义的

巴黎公社时期，军队攻打公社社员

1　《马克思恩格斯选集》第3卷，人民出版社2012年版，第817页。

实现方式。资产阶级为维系其统治，总是以国家的形式来镇压和奴役无产阶级。因此，无产阶级进行革命，必须要以暴力的手段去摧毁资产阶级的国家机器，推翻资本主义制度，夺取国家政权，使其自身成为统治阶级。接着，无产阶级在取得国家政权之后首先要掌握公共权力，让社会占有生产资料，即实行社会主义公有制，从而实现社会主义取代资本主义。

资本主义社会必将走向终结，人类历史必将进入社会主义社会的新篇章。而这个未来社会又是什么样的呢？恩格斯在书中猜想与预测了未来社会的基本特征：一、实行生产资料公有制，由社会占有生产资料；二、社会生产力高度发达，物质财富极大丰富；三、社会生产的无政府状态消失，有计划地自觉地组织生产成为现实；四、阶级及阶级冲突完全消除，国家彻底消亡；五、每个人实现自由而全面的发展，人们成为自然界和自身的社会结合的主人。同时，恩格斯还表达了对未来社会的赞美："只是从这时起，人们才完全自觉地自己创造自己的历史；只是从这时起，由人们使之起作用的社会原因才大部分并且越来越多地达到他们所预期的结果。这是人类从必然王国进入自由王国的飞跃。"[1]

在对未来社会基本特征进行科学预测后，恩格斯

---

1 《马克思恩格斯选集》第3卷，人民出版社2012年版，第815页。

点明了无产阶级的历史使命和科学社会主义的任务。
他指出："完成这一解放世界的事业，是现代无产阶
级的历史使命。深入考察这一事业的历史条件以及这
一事业的性质本身，从而使负有使命完成这一事业的
今天受压迫的阶级认识到自己的行动的条件和性质，
这就是无产阶级运动的理论表现即科学社会主义的任
务。"[1]无产阶级必须担负起推翻资本主义旧社会、
建立共产主义新社会、解放全人类的历史使命。科学
社会主义必须要以实现共产主义为价值主轴，在深入
剖析资本主义社会及其发展的新变化中推进理论创
新，提升理论的现实性与针对性，为无产阶级运动提
供科学的理论指导。

1　《马克思恩格斯选集》第3卷，人民出版社2012年版，第817页。

四、为什么是精华版的"马克思主义的百科全书"？

　　"马克思主义经典著作包含着经典作家所汲取的人类探索真理的丰富思想成果，体现着经典作家攀登科学理论高峰的不懈追求和艰辛历程。"[1] 以《反杜林论》为蓝本改写的《社会主义从空想到科学的发展》是恩格斯成熟时期的经典著作，不仅保留了《反杜林论》"理论部分中最重要的部分"[2]，而且还系统而简明、通俗而深刻地总结了马克思恩格斯创立的科学社会主义理论，是一本精华版的"马克思主义的百科全书"。该书蕴含着马克思恩格斯重要的思想成果，同时也是当时恩格斯最新理论研究的思想表达。在《社会主义从空想到科学的发展》中，恩格斯在社会主义思想史、马克思主义世界观与未来社会基本特征等方面作出了独创的理论贡献，推进了马克思主义理论的

1　《认真学习马克思主义经典著作　不断推进中国特色社会主义事业》，《人民日报》2011 年 5 月 14 日。
2　《马克思恩格斯选集》第 3 卷，人民出版社 2012 年版，第 743 页。

发展与完善。

1. 社会主义思想史的奠基之作

《社会主义从空想到科学的发展》是恩格斯阐明其社会主义思想史研究的重要文本，堪称社会主义思想史的奠基之作。有学者在评述完《反杜林论》"引论"部分之后指出："在接下来的论述中，恩格斯形成了全部马克思主义理论中第一次对社会主义思想史的简要而完整的概括，并在这一过程中对科学社会主义之科学性质进行了定位。"[1]这里的"接下来的论述"即是指《反杜林论》中的第三编"社会主义"中"历史"的相关内容，这部分内容也被恩格斯改写到《社会主义从空想到科学的发展》正文的第一部分中，主要阐述了科学社会主义前史，即空想社会主义的发展历程、发展阶段、理论贡献与历史局限。从思想内容层面来看，传达相同思想的内容被分别作为重要内容出现在被誉为"马克思主义的百科全书"的《反杜林

1877 年 1 月 3 日，恩格斯在《前进报》上发表《反杜林论》的第一篇论文

---

1 胡大平：《回到恩格斯：文本、理论和解读政治学》，江苏人民出版社 2011 年版，第 279 页。

论》和被誉为"科学社会主义经典著作"的《社会主义从空想到科学的发展》中。同时，《社会主义从空想到科学的发展》还是面向工人阶级宣传科学社会主义的通俗化、大众化读物。可见，恩格斯在该书中关于社会主义思想史研究的意义重大、成果斐然。

所谓"社会主义思想史"，就是指社会主义思想观点演变的历史进程。要准确把握社会主义历史进程，首先要搞清楚"什么是社会主义"这一源头性、根本性问题。据欧洲人考证，1753 年德国神学家安塞尔姆·德辛在与人论战时就提出"社会主义者"一词，当时的含义主要是指人的社会性。[1]19 世纪 30 年代，英、法等欧洲国家相继爆发资本主义产业革命。伴随着资本主义生产方式的发展，一系列严重的社会问题出现。基于此，一些仁人志士将"社会主义"视为一种与资本主义相对立的新思潮和新制度，并以此批判与抨击资本主义社会，勾画理想社会制度的蓝图。由此，"社会主义"就被视作这一含义，成为当时社会盛行的一种新的社会思潮。作为批判资本主义社会的社会思潮，社会主义契合当时马克思恩格斯的研究需要与实际需要。因此，他们非常重视这一社会思潮，对空想社会主义理论进行了充分、细致、科学的研究，

1　参见高放《关于社会主义思想史若干问题的探讨》（上），《社会主义研究》1986 年第 3 期。

继承了英法空想社会主义的优秀思想文化成果，这也
为他们创立科学社会主义理论提供了思想材料。马克
思恩格斯对社会主义思想的研究成果，在他们的著作
和书信中都有所体现。

从时间上看，相较于马克思，恩格斯对社会主义
思想的研究更为长久。"在19世纪40年代，恩格斯
在其一系列早期著述中，就对空想社会主义理论及其
思潮作出深入探讨。……自此一直到19世纪80年代
初《社会主义从空想到科学的发展》的完成，以及马
克思逝世后的接续探索，勾勒了恩格斯对社会主义思
想史研究的轨迹。"[1]在多年研究中，恩格斯对于社
会主义思想的研究与认识逐渐成熟、全面、系统，由
此推进了社会主义思想史研究，为科学社会主义的形
成和发展作出了独特贡献。

早在19世纪40年代初，恩格斯就学习与研究巴
贝夫、圣西门、傅立叶、欧文和魏特林等人的社会主
义学说，这为他开展社会主义研究奠定了良好的理论
基础。1843年，恩格斯在英国空想社会主义者欧文
所办刊物《新道德世界》发表了《大陆上社会改革运
动的进展》一文。在文中，他对法国、德国、瑞士、
英国等国家的社会主义思潮进行梳理、评价，并阐明

1　顾海良：《永远的恩格斯》，华中师范大学出版社2020年版，
第368页。

了自己的看法。1845 年，在恩格斯同
马克思合著的《神圣家族》中，他们
从法国唯物主义进行分析，认为起源
于洛克的唯物主义感觉论这一派将唯
物史观运用于构建自己的社会理论，
进而这一派"直接汇入**社会主义和共
产主义**"[1]。他们还以傅立叶、巴贝
夫、欧文等思想家为例证，指出英、
法社会主义和共产主义同唯物主义的
关系。在《德意志意识形态》第二卷中，
恩格斯同马克思对 19 世纪 40 年代广泛流行于德国的
"真正的社会主义"思潮作彻底的批判和坚决的斗争。
他们列举了一批英国的共产主义者，其中便提到莫尔

《神圣家族》第一
版扉页

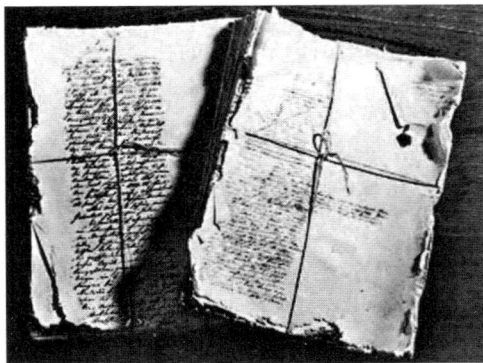

《德意志意识形态》手稿

1　《马克思恩格斯文集》第 1 卷，人民出版社 2009 年版，第 334 页。

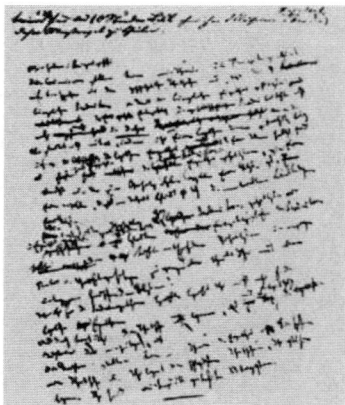

《共产党宣言》手稿的一页，手稿头两行为马克思夫人燕妮的手迹

和欧文。随后，恩格斯在《"傅立叶论商业的片断"的前言和结束语》《诗歌和散文中的德国社会主义》《"真正的社会主义者"》《德国的制宪问题》《共产主义原理》等文章中不断清算这种思潮，逐渐形成自己的见解。

1848 年，在马克思主义诞生的标志之作《共产党宣言》一书中，恩格斯同马克思对空想社会主义作出了在当时看来最为系统的说明。在书中，马克思恩格斯将当时欧洲流传着的各种社会主义学说划分为反动的社会主义、保守的或资产阶级的社会主义、批判的空想的社会主义和共产主义。这种分类方式将空想社会主义与当时形形色色的社会主义思潮区分开来，划分了真假社会主义的界限。尔后，马克思恩格斯主要地对圣西门、傅立叶、欧文等人的"本来意义的社会主义和共产主义的体系"[1]进行了详细而又辩证的评价，认为这一体系既具有空想性质的一面又具有革命的、进步的一面。最后，他们指出，随着阶级斗争的发展，空想社会主义的进步意义逐渐减弱。两年后，恩格斯在《德国农民战争》中对早期空想社会

1　《马克思恩格斯选集》第 1 卷，人民出版社 2012 年版，第 431 页。

主义代表人物托马斯·闵采尔进行研究，高度赞扬他
"坚决地同市民阶级宗教改革分道扬镳"[1]，是"农
民战争中最伟大的人物"[2]。同时，恩格斯还评价闵
采尔刚刚萌生的共产主义思想仍带有空想的性质，"正
如他的神学远远超出了当时流行的看法一样，他的政
治理论也远远超出了当时的社会政治条件"[3]，但"这
种靠幻想来对共产主义所作的预见，在实
际上成了对现代资产阶级关系的预见"[4]。
与此同时，恩格斯在多年后对这本书的第
二版序言的补充中谈到圣西门、傅立叶、
欧文三者的学说既有虚幻空想的性质又
有天才的预见性和真理性。1868 年，恩
格斯为马克思的《资本论》撰写《卡·马
克思〈资本论〉第一卷书评——为〈民主
周报〉作》，在该文中指出，"欧文、圣西门、傅立
叶的著作现在和将来都是有价值的"[5]。对社会主义
思想多年的持续探索与深耕研究，为恩格斯打下了扎
实的社会主义思想的理论基础，使他能够充分地把握
社会主义思想史的演进脉络。而在 1880 年撰写的《社
会主义从空想到科学的发展》一书中，恩格斯综合此

托马斯·闵采尔
（1489—1525），德
意志平民宗教改革
家、农民战争领袖，
空想社会主义先驱
者之一，代表作有
《告捷克人民书》
（又称《布拉格的
呼吁书》，1521）等。
恩格斯评价道："闵
采尔是当时处于现
有一切正式社会关
系之外的那一阶级
的代表人物，也就
是无产阶级萌芽的
代表人物。"

1 《马克思恩格斯文集》第 2 卷，人民出版社 2009 年版，第 247 页。
2 《马克思恩格斯文集》第 2 卷，人民出版社 2009 年版，第 231 页。
3 《马克思恩格斯文集》第 2 卷，人民出版社 2009 年版，第 248 页。
4 《马克思恩格斯文集》第 2 卷，人民出版社 2009 年版，第 239 页。
5 《马克思恩格斯文集》第 3 卷，人民出版社 2009 年版，第 79 页。

前的研究，在社会主义思想史起点问题、空想社会主义的发展历史、19世纪初三大空想社会主义者的历史贡献与局限性等方面作出了"简要而完整的概括"。

首先，恩格斯在《社会主义从空想到科学的发展》中阐明了他关于社会主义思想史起点问题的看法。当前，学界对于社会主义思想史起点问题的看法不一。其中，有些西方学者将公元前8世纪约旦、巴勒斯坦一带的原始公有制视为社会主义思想的表征。他们认为，这种原始公有制下，人们集体劳动和集体生活，人们之间没有剥削与贫富对立。实际上，正是由于落后的生产力，人们才采取原始公有制形式。而这种原

柏拉图（前427—前347），古希腊哲学家，被誉为"希腊三贤"之一，代表作有《申辩篇》《理想国》《巴门尼德篇》《法律篇》等

始公有制带给人们的是简陋而困苦的生活。还有不少西方学者，如伯恩施坦、考茨基、拉法格等，将社会主义思想史的起点追溯到古希腊时期柏拉图的著作《理想国》。他们认为，柏拉图在《理想国》中提出了公有制的主张。然而，作为一名奴隶主思想家，柏拉图想要实现的是在财产和家庭上都实行公有化的贵族公有制，其本质上维护的是奴隶主的利益。这两种看法显然不符合以批判资本主义社会为立足点的社会主义思想的本质要义。恩格斯曾在书中谈到对于社会主义思想史起点问题的看法。他指出，伴随着尚未成熟的现代无产阶级

反对资产阶级的革命暴动而产生
的第一个理论表现便是在 16 世纪
和 17 世纪的"理想社会制度的空
想的描写"[1]。而这里所提到的这
种社会主义思想"首先是指空想
共产主义的代表人物托·莫尔的
著作《乌托邦》（1516 年出版）
和托·康帕内拉的著作《太阳城》
（1623 年出版）"[2]。恩格斯对这
一问题的看法是准确的、恰当的，
符合社会主义思想及其历史的本

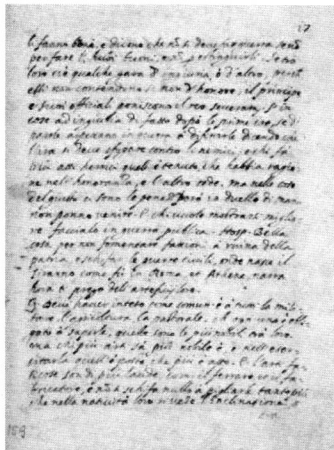

《太阳城》手稿

意。莫尔在《乌托邦》中阐发的思想是批判资本主义
社会、与资本主义社会相对立的思想，他揭露出资本
主义制度对劳苦群众残酷的剥削和压迫，并在书中第
一次勾画了一个建立在公有制基础之上的未来社会的
蓝图。恩格斯对社会主义思想史起点问题的正确看法，
有助于后继马克思主义者在把握社会主义思想本意的
基础上推进社会主义思想史研究，使得后继社会主义
思想史研究沿着正确的方向展开。

　　其次，恩格斯在《社会主义从空想到科学的发
展》中对空想社会主义的历史发展进行了研究。其一，

1　《马克思恩格斯选集》第 3 卷，人民出版社 2012 年版，第 777 页。
2　《马克思恩格斯选集》第 3 卷，人民出版社 2012 年版，第
　　1077 页注 280。

对空想社会主义历史发展进行了阶段划分。马克思恩格斯在《德意志意识形态》中早就指出："一切划时代的体系的真正的内容都是由于产生这些体系的那个时期的需要而形成起来的。所有这些体系都是以本国过去的整个发展为基础的，是以阶级关系的历史形式及其政治的、道德的、哲学的以及其他的后果为基础的。"[1]空想社会主义作为一种社会思潮，是社会存在的意识反映；其历史发展是以所处时代资本主义社会现实发展为基础的。基于这一原则的指导，恩格斯以1516年莫尔出版的《乌托邦》作为社会主义思想史的起点，将从莫尔到欧文的三个多世纪的空想社会主义发展史划分为三个发展阶段，即：16—17世纪的"理想社会制度的空想的描写"；18世纪的"直接共产主义的理论（摩莱里和马布利）"；19世纪初以圣西门、傅立叶、欧文为代表的空想社会主义。其二，阐明了社会主义从空想到科学的演进脉络及思想来源。实际上，在三百多年间，空想社会主义的空想色彩在逐渐消退，而现实精神在不断加强。马克思恩格斯清楚地知道，空想社会主义越是发展，其科学的成分就越在增加。发展到19世纪初的空想社会主义，实际上包含着更多的科学成分。因此，在书中，恩格斯尤其重视对19世纪初三大空想社会主义者思

1　《马克思恩格斯全集》第3卷，人民出版社1960年版，第544页。

想的研究。正是对社会主义发展的历史研究及对 19
世纪初空想社会主义的理论研究，"成就了社会主义
从空想到科学发展的历史逻辑和理论逻辑"[1]。即是
说，恩格斯在阐述空想社会主义的历史发展及 19 世
纪初空想社会主义的理论成果中，清楚地找到了社会
主义从空想发展为科学的演进脉络及思想来源。马克
思恩格斯就是在批判空想社会主义的"空想色彩"中
继承了其中的科学成分，从而创立了科学社会主义。
正是基于此，后继学者才将社会主义思想演进的进程
划分为空想社会主义与科学社会主义两大阶段。

最后，恩格斯在《社会主义从空想到科学的发展》
中全面而完整地评述了 19 世纪初
三大空想社会主义者的理论贡献、
历史局限性及其根源。一方面，
三大空想社会主义者的理论贡献
在于：第一，在批判资本主义社
会中直指资本主义的主要矛盾，
近乎找到解决资本主义基本矛盾
的正确途径。圣西门作出了法国
革命的实质是阶级斗争这一天才
性预见，而阶级斗争正是解决资

在法国大革命前的
等级制度下，农民
（第三等级）深受
教士（第一等级）、
贵族（第二等级）
压迫

---

1 顾海良：《永远的恩格斯》，华中师范大学出版社 2020 年版，
第 368 页。

本主义基本矛盾、实现社会主义的正确途径。第二，
初步认识到历史发展的阶段性与规律性、资本主义社
会的暂时性与下降性，新社会必将在逐步发展中将资
本主义社会取代。圣西门认为人类社会发展具有规律
性，其发展是一个连续的、上升的、进步的过程。同
时他指出，一切制度都是相对的、历史的，而不是永
恒的。傅立叶则看到人类社会是一个从低级走向高级
的发展过程，但在每一人类历史阶段中既有上升期又
有下降期，资本主义阶段也不例外。欧文的自然观也
彰显了他的历史观，他承认世界具有客观性和规律性，

运动是物质的存在形式。可见，他
们都认识到资本主义社会并不是永
恒的，社会主义社会必将取代资本
主义社会。第三，在描述未来社会
建设的过程中，提出了诸如"对人
的政治统治应当变成对物的管理和

1789 年 7 月 14 日，
法国大革命爆发

对生产过程的领导"，"组织合作社"，"有计划地调节生产、消费"等智慧的思想。

但是，恩格斯在书中也阐述了19世纪初的空想社会主义存在的历史局限性及其根源。第一，19世纪初的空想社会主义的哲学基础源于历史唯心主义。它直接受到18世纪法国启蒙思想的影响，高举理性的旗帜，将其作为评判与衡量一切的尺度。这种理性论的思想颠倒了社会存在和社会意识的关系，使得空想社会主义者陷入历史唯心主义的泥沼，从而难以探寻到人类社会历史发展的基本规律、基本矛盾以及推动社会发展的动力。第二，19世纪初的空想社会主义忽视工人阶级在社会发展中的作用，难以找到社会变革的决定性力量。圣西门认为无产阶级只是应当随时随地被关心的阶级，而学者、资产者才应当承担领导和统治社会的使命。三大空想社会主义者认为只有天才人物的出现方能使真理被正确地认识，从而引领历史发展。这种英雄史观使得他们无法认识到无产阶级的地位与作用，从而无法找到建设理想社会的革命力量。第三，19世纪初的空想社会主义忽视阶级斗争的革命性作用，没有找到改造现实社会和实现理想社会的现实途径。圣西门虽然看到了阶级斗争，但看不到无产阶级的历史作用，因而无法知晓阶级斗争的革命性作用；傅立叶则主张通过创造好环境、教育感化的方法改造社会；欧文则强调通过共产主义试验

欧文"新和谐公社"
理想蓝图

区的方法，企图消除阶级差异。三者分别希冀以宣传、改良、典型示范等温和方式过渡到未来社会，对暴力的阶级斗争持拒斥态度，因而无法找到实现未来理想社会制度的正确道路。而 19 世纪初的空想社会主义之所以具有不可克服的历史局限性，则是由当时不成熟的资本主义生产状况和阶级状况所决定的，受到一定社会条件和阶级条件的限制。

2. 马克思主义世界观的集中阐释

在传统的马克思主义解读模式中，马克思主义世界观往往仅被理解为辩证唯物主义。这种看法，深受斯大林对马克思主义理论体系看法的影响。斯大林认为："辩证唯物主义是马克思列宁主义党的世界观。……历史唯物主义就是把辩证唯物主义的原理推广去研究社会生活，把辩证唯物主义的原理应用于社会生活现象，应用于研究社会，应用于研究社会历史。"[1] 显然，这种认识将辩证唯物主义仅视作与自

1　《斯大林文集（ 1934—1952 ）》，人民出版社 1985 年版，第 200 页。

然界现象有关，把历史唯物主义仅视作与人类历史现象有关，并未看到自然界与人类历史在实践上既有分化又有统一。不仅如此，将马克思主义世界观仅理解为辩证唯物主义，并未十分准确理解新世界观出场语境的历史诉求，也没有凸显出马克思主义的实践性与革命性品格。新世界观，是马克思恩格斯在批判超验性、思辨性的传统哲学尤其是德国哲学的基础上提出的。他们认为，传统哲学，不关注现实实践而"追求体系的完满"[1]，要求客观世界发展服从于思维的一般法则，不是真正的哲学；任何真正的哲学都应"同自己时代的现实世界接触并相互作用"[2]，起到"改变世界"之成效，因为"对**实践的**唯物主义者即**共产主义者**来说，全部问题都在于使现存世界革命化，实际地反对并改变现存的事物"[3]。因此，在《德意志意识形态》中，马克思恩格斯把自己的理论概括为"对人类历史发展的考察中抽象出来的最一般的结果的概括"[4]即唯物史观，强调新世界观对于人类社会现存不合理世界的革

《德意志意识形态》是马克思恩格斯直面时代矛盾、回答时代课题、系统阐述唯物史观的标志性著作

1 《马克思恩格斯全集》第1卷，人民出版社1995年版，第219页。
2 《马克思恩格斯全集》第1卷，人民出版社1995年版，第220页。
3 《马克思恩格斯选集》第1卷，人民出版社2012年版，第155页。
4 《马克思恩格斯选集》第1卷，人民出版社2012年版，第153页。

命性作用。更为准确地说，马克思恩格斯世界观理论
的核心要义是历史唯物主义（或称唯物史观）。

　　《社会主义从空想到科学的发展》是恩格斯集中
阐释历史唯物主义理论的重要著作。1892 年 4 月，
恩格斯为《社会主义从空想到科学的发展》撰写英文
版导言，并在导言中直接指出，该书"所捍卫的是我
们称之为'历史唯物主义'的东西"[1]。显然，该书
必然集中体现着历史唯物主义的思想理论。同年 6 月，
应时任《新时代》杂志编辑考茨基的邀请，恩格斯将
该书的 1892 年英文版导言译成德文，以《论历史唯
物主义》为题名，分别发表在该杂志 1892—1893 年
第 11 年卷第 1 册第 1、2 期。并经考究，"《论历史
唯物主义》是迄今为止唯一一部直接以'历史唯物主
义'为题名的马克思主义思想体系（共同）创始人（恩
格斯）的著述"[2]。这些事实都表明，恩格斯本人肯
定了该书蕴藏着丰富的历史唯物主义思想理论。总体
来看，该书对历史唯物主义和唯物主义历史观（也即
唯物史观）的关联与历史唯物主义的发展前史、基本
内涵、理论前提、基本原理等都作出了集中阐释。

　　作为使用历史唯物主义概念的第一位马克思主义

1　《马克思恩格斯选集》第 3 卷，人民出版社 2012 年版，第 753 页。
2　张秀琴：《新 MEGA 之后的恩格斯与历史唯物主义体系之
　　争——以 1892 年恩格斯的〈论历史唯物主义〉（MEGA ② I/32）
　　为例》，《教学与研究》2012 年第 6 期。

经典作家，恩格斯在《社会主义从空想到科学的发展》中将历史唯物主义与唯物史观相关联，把历史唯物主义与唯物史观视作同义概念来使用。他指出，本书捍卫的是历史唯物主义。而在该书中"历史唯物主义"仅出现了一次且出现在该书的导言部分。那么，究竟何谓恩格斯在书中所捍卫的"历史唯物主义"呢？研读全书并结合其中阐发的理论，我们不难发现，恩格斯所捍卫的"历史唯物主义"实际上就是马克思的唯物史观。1893年，为捍卫和阐发历史唯物主义，德国共产党创始人之一弗兰茨·梅林发表《论历史唯物主义》，在书中把历史唯物主义与唯物史观作为同义概念来使用与阐述。1893年7月，恩格斯致信梅林，虽提醒其要特别注意上层建筑因素对经济基础反作用的问题，但总体高度评价梅林对于历史唯物主义主要观点的论述，指出："在这里主要的东西您都论述得很出色，对每一个没有成见的人都是有说服力的。"[1]可见，恩格斯并未反对梅林把历史唯物主义与唯物史观作为同义概念使用。同样的，《马克思恩格斯选集》第3卷对1892年英文版导言的标题注释中也指出，"恩

《论历史唯物主义》是德国社会民主党左翼理论家弗兰茨·梅林的哲学著作，首次发表于1893年

1　《马克思恩格斯选集》第4卷，人民出版社2012年版，第641页。

格斯用'历史唯物主义'这个名词表述唯物史观"[1]。
在当今学界中，仍然有一部分学者割裂历史唯物主义
与唯物史观的关系，夸大二者的差异性，甚至认为
恩格斯提出"历史唯物主义"是对马克思唯物史观
的否定，宣扬"马恩对立论"。显然，恩格斯在《社
会主义从空想到科学的发展》中对历史唯物主义与唯
物史观的同义性表达，是有力批驳这种错误看法的最
好注脚。

　　作为唯物主义的基本形态与发展阶段之一，历
史唯物主义是在近代唯物主义的基础上批判发展而来
的。在 1892 年英文版导言中，恩格斯对历史唯物主
义的发展前史即近代唯物主义发展历程进行了历史梳
理，阐明了历史唯物主义的合理性与重要性。恩格斯
指出："从 17 世纪以来，全部现代唯物主义的发祥
地正是英国。"[2]近代唯物主义的思想源流最早在英国，
英国有着深远的唯物主义思想传统。以培根、霍布斯、
洛克为主要代表的英国人，是近代唯物主义的开创者。
然而，英国资产阶级却有着浓厚的宗教倾向，他们曾
以宗教作为"武器"成功推翻封建制度，取得了资产
阶级统治地位。而在取得统治地位之后，英国资产阶
级又再次以宗教为工具麻痹下层生产者的意识，维系

1　《马克思恩格斯选集》第 3 卷，人民出版社 2012 年版，第 1105 页。
2　《马克思恩格斯选集》第 3 卷，人民出版社 2012 年版，第 753 页。

弗朗西斯·培根（1561—1626），英国文艺复兴时期散文家、哲学家、实验科学的创始人，代表作有《学术的进展》（1605）、《新工具》（1620）、《伟大的复兴》（1620）等

托马斯·霍布斯（1588—1679），英国政治家、哲学家，代表作有《论公民》（1642）、《利维坦》（1651）、《论物体》（1658）等

约翰·洛克（1632—1704），英国哲学家、医生，被誉为"自由主义"之父，代表作有《政府论》（1680）、《论宗教宽容》（1689）、《人类理解论》（1690）等

其统治地位。再加之唯物主义拒斥宗教信条，因而资产阶级坚决敌视、拒斥、抵抗唯物主义。随着英国的"开化"与其闭塞状态的打破，"大陆上对宗教问题的怀疑论也必然传了进来"[1]，宗教受到质疑。此时，英国资产阶级甚至以不可知论为宗教辩护、抵抗唯物主义。但问题是，不可知论本身就是"'羞羞答答的'唯物主义"[2]，英国资产阶级根本不能回避唯物主义的这一历史事实。恩格斯在导言中具体阐释了历史唯物主义的基本原理，并运用历史唯物主义分析历史得出："无论英国资产者的宗教执迷，还是大陆资产者的事后皈依宗教，恐怕都阻挡不了日益高涨的无产阶

---

1 《马克思恩格斯选集》第3卷，人民出版社2012年版，第756页。
2 《马克思恩格斯选集》第3卷，人民出版社2012年版，第757页。

级的潮流。"[1]总之，恩格斯认为，英国资产阶级执迷宗教、反对唯物主义的阶级实质在于维系其统治地位。历史唯物主义已经表明，随着生产力的发展，资产阶级统治必然会由无产阶级推翻，资本主义社会注定走向终结。因此，为夺取无产阶级革命胜利，无产阶级必须要以历史唯物主义与科学社会主义理论武装自己。

关于历史唯物主义的基本内涵，恩格斯在《社会主义从空想到科学的发展》一书中第一次作出了直接阐明。实际上，历史唯物主义这一术语在马克思逝世七年后才出现，并非为马克思或恩格斯首创，而是恩格斯无奈之下从当时的德国青年著作家手中接收过来的概念。[2]起初，恩格斯对历史唯物主义这种套语形态持批评态度，他在1890年8月5日致康拉德·施米特的书信中第一次明确提及这一术语，批判德国青年著作家"只是用历史唯物主义的套语（**一切**都可能被变成套语）来把自己的相当贫乏的历史知识（经济史还处在襁褓之中呢！）尽速构成体系"[3]。但恩格斯逐渐认识到，历史唯物主义这一术语在当时已经为德国青年著作家广泛认同，其本身并无对错，只是著

---

1 《马克思恩格斯选集》第3卷，人民出版社2012年版，第772页。

2 参见张奎良《恩格斯与历史唯物主义》，《哲学动态》2012年第11期。

3 《马克思恩格斯选集》第4卷，人民出版社2012年版，第599页。

作家们对其的阐释过于简单、肤浅。在这样的情况下，剥除历史唯物主义的套语形态，合理阐释历史唯物主义的内涵，才是正确的做法。于是，恩格斯转变了对历史唯物主义的态度，并在 1890 年 9 月 21—22 日致信约瑟夫·布洛赫，告诉他自己在《欧根·杜林先生在科学中实行的变革》（即《反杜林论》）和《路德维希·费尔巴哈和德国古典哲学的终结》中"对历史唯物主义作了就我所知是目前最为详尽的阐述"[1]，将历史唯物主义这一术语纳入马克思主义理论体系中。但是，恩格斯虽曾明确提及"历史唯物主义"一词，却始终没有对历史唯物主义的内涵作出直接界定。直到在《社会主义从空想到科学的发展》的 1892 年英文版导言中，他以"'历史唯物主义'这个名词来表达一种关于历史过程的观点"[2]，历史唯物主义才首次具有了马克思主义的思想内涵。

LUDWIG FEUERBACH

UND DER AUSGANG DER

KLASSISCHEN DEUTSCHEN PHILOSOPHIE

VON

FRIEDRICH ENGELS

REVIDIRTER SONDER-ABDRUCK AUS DER „NEUEN ZEIT"

MIT ANHANG:

KARL MARX ÜBER FEUERBACH
VOM JAHRE 1845.

STUTTGART
VERLAG VON J. H. W. DIETZ
1888.

《路德维希·费尔巴哈和德国古典哲学的终结》1888 年斯图加特版扉页

　　在《社会主义从空想到科学的发展》中，恩格斯阐明了唯物辩证法是发现历史唯物主义的理论前提。正如恩格斯指出的，"要精确地描绘宇宙、宇宙的发展和人类的发展，以及这种发展在人们头脑中的反映，

1　《马克思恩格斯选集》第 4 卷，人民出版社 2012 年版，第 606 页。

2　《马克思恩格斯选集》第 3 卷，人民出版社 2012 年版，第 760 页。

就只有用辩证的方法"[1]；"唯物主义历史观及其在现代的无产阶级和资产阶级之间的阶级斗争上的特别应用，只有借助于辩证法才有可能。"[2]但这种辩证法并非是黑格尔的辩证法。恩格斯指出，黑格尔的伟大功绩在于，他第一次把自然的、历史的和精神的世界描写为一个处在不断的运动、变化、转变和发展中的过程，"并企图揭示这种运动和发展的内在联系"[3]。这是对形而上学思维方式的超越，恢复了辩证法的理论权威。然而，黑格尔是唯心主义者，在他看来，"事物及其发展只是在世界出现以前已经以某种方式存在着的'观念'的现实化的反映"[4]，辩证运动的主体不是客观存在的物质，而是神秘的、外在的"绝对精神"。实际上，黑格尔的唯心主义体系同他的革命的辩证法存在"不可救药的内在矛盾"：一方面，他坚持人类历史本身就是一个逐步发展的过程，那么，对于社会历史的认识也总是在不断地运动、变化而无法穷尽，"不能由于所谓绝对真理的发现而结束"[5]；但另一方面，他却宣称他的体系是关于自然和历史的无所不包、最终完成了的绝对真理。可见，其革命的

1　《马克思恩格斯选集》第3卷，人民出版社2012年版，第793页。
2　《马克思恩格斯选集》第3卷，人民出版社2012年版，第746—747页。
3　《马克思恩格斯选集》第3卷，人民出版社2012年版，第793页。
4　《马克思恩格斯选集》第3卷，人民出版社2012年版，第794页。
5　《马克思恩格斯选集》第3卷，人民出版社2012年版，第794页。

辩证的思维方法为其唯心主义体系所不容，"革命的
方面就被过分茂密的保守的方面所窒息"[1]。由此，
恩格斯指出，黑格尔的体系是"一次巨大的流产"[2]，
这也意味着黑格尔辩证法必然会走向终结。正是看到
黑格尔辩证法的内在矛盾性，马克思恩格斯继承黑格
尔辩证法的合理内核，并将其置于唯
物主义的基础之上，实现了唯物主义
和辩证法的有机统一，建立了唯物辩
证法。他们将这一方法运用到对人类
历史过程的研究中，发现了历史唯物
主义。

青年时期的黑格尔

　　恩格斯在《社会主义从空想到科学的发展》中
对历史唯物主义的基本原理作出了集中阐释。他在书
中正文第二、三部分分别指出，"以往的**全部**历史，
除原始状态外，都是阶级斗争的历史；这些互相斗争
的社会阶级在任何时候都是生产关系和交换关系的产
物，一句话，都是自己时代的**经济**关系的产物；因而
每一时代的社会经济结构形成现实基础，每一个历史
时期的由法的设施和政治设施以及宗教的、哲学的和
其他的观念形式所构成的全部上层建筑，归根到底都
应由这个基础来说明。"[3] "唯物主义历史观从下述

1　《马克思恩格斯选集》第4卷，人民出版社2012年版，第224页。
2　《马克思恩格斯选集》第3卷，人民出版社2012年版，第794页。
3　《马克思恩格斯选集》第3卷，人民出版社2012年版，第796页。

原理出发：生产以及随生产而来的产品交换是一切社
会制度的基础；在每个历史地出现的社会中，产品分
配以及和它相伴随的社会之划分为阶级或等级，是由
生产什么、怎样生产以及怎样交换产品来决定的。"[1]
他在该书的1892年英文版导言中还指出："一切重
要历史事件的终极原因和伟大动力是社会的经济发
展，是生产方式和交换方式的改变，是由此产生的社
会之划分为不同的阶级，是这些阶级彼此之间的斗
争。"[2]这些精辟概括表达着历史唯物主义的基本思想：
一、原始社会解体以来的全部人类史，即奴隶社会史、
封建社会史、资本主义社会史，都是阶级斗争史；二、
生产是历史进步的尺度，生产力发展水平决定着人类
社会的进程；三、生产力与生产关系的矛盾运动，是
社会变革的根本力量；四、生产力同与之相适应的生
产关系是社会制度的基础，构成一定的经济结构，决
定一定的社会形态；五、经济基础决定全部上层建筑
的变更，全部上层建筑由政治上层建筑与观念上层建
筑构成；六、阶级与阶级斗争是一定时代的经济关系
的产物，阶级斗争是变革社会的直接力量。

　　恩格斯在1892年英文版导言中对近代唯物主义
发展历程的相关论述中，同样也闪烁着历史唯物主义
的思想光芒，进一步澄清了历史唯物主义的基本原理。

1　《马克思恩格斯选集》第3卷，人民出版社2012年版，第797页。
2　《马克思恩格斯选集》第3卷，人民出版社2012年版，第760页。

一方面，进一步论述社会形态问题，表明人类社会发
展是一个自然历史过程。恩格斯对资本主义反对封建
制度的三次大决战作出分析，阐明资产阶级在三次大
决战中逐渐占据进步、革命的一方并成为社会的统治
阶级，将人类社会由封建社会推向资本主义社会，是
社会形态思想的体现。然而，"这似乎是历史发展的
规律：资产阶级在欧洲任何一个国家都不能像中世纪
的封建贵族那样独掌政权，至少不能长期独掌政权。"[1]
资本主义社会只是人类社会从低级向高级的发展过程
中的暂时形态。在资本主义基本矛盾运动下，无产阶
级登上历史舞台，资产阶级从革命走向反动，并最终
引发无产阶级对资产阶级的反抗。无产阶级的革命潮
流势不可当，无产阶级将推翻资本主义社会，实现社
会主义社会，完成社会形态的变革。另一方面，进一
步阐发经济基础与上层建筑的关系问题，既指出经济
的基础地位，又阐明了意识形态的反作用。恩格斯指
出，自从资产阶级成为统治阶级的组成部分，他们就
利用宗教来操纵劳动群众的灵魂，使其服从统治阶级
的命令。宗教起到了保障资产阶级政治统治与经济利
益的作用。然而，宗教虽在一定程度上维持了资本主
义社会的稳定，却不能"永保资本主义社会的平安"[2]。
这是因为，"我们的法律的、哲学的和宗教的观念，

1　《马克思恩格斯选集》第3卷,人民出版社2012年版,第769页。
2　《马克思恩格斯选集》第3卷,人民出版社2012年版,第773页。

1517 年，马丁·路德（1483—1546）在德国张贴《九十五条论纲》，反对罗马教廷出售赎罪券，进而引发德国宗教改革运动

都是一定社会内占统治地位的经济关系的近枝或远蔓"[1]。随着资本主义生产力的进一步发展，生产力必将要求完全变革社会关系，实现社会制度的颠覆性变革。也就是说，只有经济因素才是社会发展的最终决定性因素，法律的、哲学的和宗教的观念"终究不能抵抗因这种经济关系的完全改变所产生的影响"[2]。

1789 年 5 月 5 日，路易十六（1754—1793）在凡尔赛宫召开三级会议，对第三等级增税，引发第三等级不满，进而引发法国大革命

1　《马克思恩格斯选集》第 3 卷，人民出版社 2012 年版，第 773 页。
2　《马克思恩格斯选集》第 3 卷，人民出版社 2012 年版，第 773 页。

3. 未来社会基本特征的科学预测

虽然马克思恩格斯并未以具体条目的形式概括未来社会的基本特征，但恩格斯在《社会主义从空想到科学的发展》一书中大致勾勒了未来社会的基本面貌及其发展趋势："一旦社会占有了生产资料，商品生产就将被消除，而产品对生产者的统治也将随之消除。社会生产内部的无政府状态将为有计划的自觉的组织所代替。个体生存斗争停止了。于是，人在一定意义上才最终地脱离了动物界，从动物的生存条件进入真正人的生存条件。人们周围的、至今统治着人们的生活条件，现在受人们的支配和控制，人们第一次成为自然界的自觉的和真正的主人，因为他们已经成为自身的社会结合的主人了。"[1]结合书中这一段有关未来社会的经典论述及相关内容，不难推导出恩格斯主要从五大方面对未来社会的基本特征进行了系统而科学的预测，为科学社会主义作出了独特的理论贡献。

第一，未来社会是实行生产资料公有制的社会。这种公有制，就是物质生产资料所有主体为全民，占有方式为共同，占有范围为整体的社会所有制。作为生产关系的组成部分，特定社会的所有制形式是由特定社会的生产力发展水平所决定的。起初，资产阶级

---

[1] 《马克思恩格斯选集》第3卷，人民出版社2012年版，第815页。

以资本主义私有制的形式取代封建社会私有制，不仅符合人类社会发展规律，也极大地解放了生产力。然而，由于资产阶级对剩余价值的无限贪求，资产阶级把"这些有限的生产资料从个人的生产资料变为**社会化的即只能由一批人共同使用的生产资料**"[1]，导致社会化大生产出现；此时，"生产已经成为社会的活动；而交换以及和它相伴随的占有，仍旧是个体的活动，单个人的活动：**社会的产品被个别资本家所占有**。"[2]社会化大生产作为一种新型的、更高程度的生产力，呼唤着与之相适应的具有社会性的所有制形式。然而资产阶级私有制与社会化大生产并不相适应，对此恩格斯更是指出资本主义生产方式是生产资料扩张的桎梏，而"把生产资料从这种桎梏下解放出来，是生产力不断地加速发展的唯一先决条件，因而也是生产本身实际上无限增长的唯一先决条件"[3]。未来社会必须"消灭私有制"，采用社会占有生产资料的公有制形式，才能适应并推动生产力发展。可见，公有制是人类社会基本矛盾辩证运动的结果，也是共产主义社会区别于资本主义社会的本质特征。马克思主义关于"两个必然"和"两个决不会"的理论表明，共产主义社会发展的长期性与曲折性意涵着共产主义

1　《马克思恩格斯选集》第3卷，人民出版社2012年版，第799页。
2　《马克思恩格斯选集》第3卷，人民出版社2012年版，第816页。
3　《马克思恩格斯选集》第3卷，人民出版社2012年版，第814页。

公有制的实现也是一个漫长的实践过程，但化"私"为"公"作为生产力发展的唯一正确选择与历史必然要求，注定着生产资料公有制必然成为未来社会的基本特征之一。

　　第二，未来社会是社会生产力高度发达、物质财富极大丰富的社会。要理解这一点，还必须从社会生产关系变化这一视角来把握。如前所述，未来社会以公有制为所有制，但这种公有制并不是回到生产力极其低下、生产资料极其匮乏的原始公社公有制，而是生产力高度发达、物质财富极为丰富的社会公有制。这种社会公有制的生产关系实际上是对资本主义私有制的扬弃：一方面，它打破了资本主义私有制对社会化大生产的桎梏；另一方面，又以资产阶级所创造的比过去一切世代创造的全部生产力还要多、还要大的生产力为物质基础，从而使未来社会的生产力获得空前发展。不止如此，公有制"不仅会消除生产的现存的人为障碍，而且还会消除生产力和产品的有形的浪费和破坏"[1]，也即避免了资本主义社会中的巨大浪费现象；并且"还由于消除了现在的统治阶级及其政治代表的穷奢极欲的挥霍而为全社会节省出大量的生

《中华人民共和国宪法》第六条指出："国家在社会主义初级阶段，坚持公有制为主体、多种所有制经济共同发展的基本经济制度，坚持按劳分配为主体、多种分配方式并存的分配制度。"

1　《马克思恩格斯选集》第3卷，人民出版社2012年版，第814页。

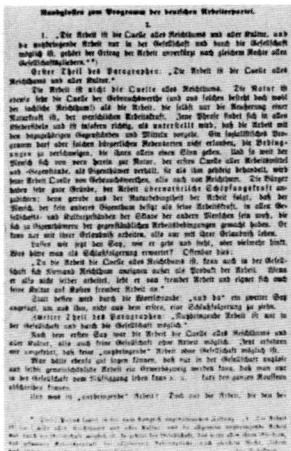

发表于《新时代》1890—1891 年第 9 年卷第 1 册第 18 期的《哥达纲领批判》

马克思在《哥达纲领批判》中指出："在共产主义社会高级阶段，在迫使个人奴隶般地服从分工的情形已经消失，从而脑力劳动和体力劳动的对立也随之消失之后；在劳动已经不仅仅是谋生的手段，而且本身成了生活的第一需要之后；在随着个人的全面发展，他们的生产力也增长起来，而集体财富的一切源泉都充分涌流之后，——只有在那个时候，才能完全超出资产阶级权利的狭隘眼界，社会才能在自己的旗帜上写上：各尽所能，按需分配！"

产资料和产品"[1]，资产阶级种种不合理的消费现象消失；"把脱离资产阶级掌握的社会化生产资料变为公共财产"[2]，并将公共财产服务于劳动者，真正实现其创造者与享受者身份的同一，由此激发劳动者生产的积极性，提高劳动生产率，等等。总之，在未来社会，集体财富的一切源泉都得以充分地涌现出来。因此，恩格斯得出结论，以公有制为基础的社会化大生产，"可能保证一切社会成员有富足的和一天比一天充裕的物质生活"[3]。这样极大丰富的物质财富，能够满足"各尽所能、按需分配"原则的实行，同样

1　《马克思恩格斯选集》第 3 卷，人民出版社 2012 年版，第 814 页。

2　《马克思恩格斯选集》第 3 卷，人民出版社 2012 年版，第 817 页。

3　《马克思恩格斯选集》第 3 卷，人民出版社 2012 年版，第 814 页。

也足以保证每一个人在生存、发展、享受三个层次的合理需要在越来越大的程度上得到满足，为社会发展与人的发展奠定了丰厚的物质基础。

第三，未来社会是有计划地组织生产的社会。在未来社会，实行有计划地组织生产同公有制的所有制形式须臾不可分离。未来社会中全体社会成员共同占有所有的生产资料，因而全体社会成员在生产地位上是平等的，并无所谓的"统治阶级"与"被统治阶级"；生产资料也是同劳动者紧紧相结合的，劳动者享有对生产资料的全面而平等的权利。也就是说，物质财富极大丰富的条件下，所有者和利益主体的同一，使得劳动产品直接成为全体成员的消费品，劳动产品也不再需要交换，商品及货币将退出历史舞台，也将不再需要自发的市场作为调节资源配置的手段，而代之以全社会对产品的有计划的自觉的生产。由此看来，实行公有制是同消灭商品经济、实行计划经济相统一的。有计划地组织生产，是对资本主义社会生产无政府状态的扬弃。生产力的社会本性，不仅要求工厂同时要求整个社会内部都应当科学而合理地组织劳动。然而，资本主义社会中，**"个别工厂中生产的组织性和整个社会中生产的无政府状态之间的对立"**[1]，往往导致社会生产陷入盲目、无序的状态，是诱发周期性经济

---

1 《马克思恩格斯选集》第3卷，人民出版社2012年版，第804页。

1929 年 10 月 24 日，美国纽约股票市场价格在一天之内暴跌，由此引发资本主义经济史上最持久、最深刻、最严重的周期性世界经济危机

危机的重要因素。而未来社会中，有计划地组织生产是具有显著优势的："由于社会将按照根据实有资源和整个社会需要而制定的计划来管理这一切，所以同现在的大工业经营方式相联系的一切有害的后果，将首先被消除。危机将终止"[1]。需要注意的是，恩格斯在这里所强调的"根据实有资源和整个社会需要而制定的计划"，是建立在商品生产和商品交换关系已经完全消除的前提之上的，并不同于日后社会主义实践中所实行的以商品货币关系为基础的计划经济。

第四，未来社会是阶级和国家彻底消亡的社会。恩格斯认为，阶级"划分是以生产的不足为基础的"[2]。阶级是一个经济概念，其出现是生产力有了一定发展但又相对不足的结果，是依据生产资料和产品的占有差异状况来划分的。由于产品无法同等满足所有人，

1　《马克思恩格斯选集》第 1 卷，人民出版社 2012 年版，第 307 页。
2　《马克思恩格斯选集》第 3 卷，人民出版社 2012 年版，第 813 页。

占有较为丰富的生产资料和产品的阶级，能够凭借物质优势、经济优势支配和压迫其他人，导致社会存在阶级差别和阶级对立。同时，阶级还是一个历史概念，"社会阶级的消灭是以生产高度发展的阶段为前提的"[1]，一旦到了生产力高度发达、物质财富极为丰富的未来社会，生产资料和产品为社会全体成员平等共有，阶级存在的经济根源将彻底铲除，阶级将彻底消灭，阶级差别和阶级对立也将随之消失。作为阶级统治的工具，"随着阶级的消失，国家也不可避免地要消失。"[2]一旦阶级、阶级差别和阶级对立彻底消失，社会冲突和极端行为也将消除，社会中已经不再需要国家作为暴力镇压的特殊力量了，全部国家机器都将同纺车和青铜斧一般进入陈列馆中。但恩格斯指出："国家不是'被废除'的，**它是自行消亡的**。"[3]国家消亡有其客观历史条件，也是一个历史过程，无政府主义者"一天之内废除国家的要求"显然是不符合实际的。唯有在生产力高度发展的过程中，国家逐渐剥离其政治压迫和暴力镇压的职能，过渡为"以社会的名义占有生产资料"，"国家政权对社会关系的干预在各个领域中将先后成为多余的事情而自行停止下

1　《马克思恩格斯选集》第3卷，人民出版社2012年版，第814页。
2　《马克思恩格斯选集》第4卷，人民出版社2012年版，第190页。
3　《马克思恩格斯选集》第3卷，人民出版社2012年版，第812页。

来"。[1]在未来社会，"对人的统治将由对物的管理和对生产过程的领导所代替"[2]，即"自由人联合体"将取代国家担负起社会生产和公共事务的组织安排。

　　第五，未来社会是每个人实现自由而全面发展的社会。在资本主义社会中，由于生产力发展的不足、

在资本主义社会，无产阶级深受剥削和压迫（漫画）

私有制与旧式分工的存在，为获取物质生活资料，劳动者不得不忍受痛苦的、肮脏的、危险的体力劳动；劳动不仅奴役着劳动者，同样也阻碍了劳动者体力与智力的协

调发展。但未来社会的社会化生产，通过极为丰富的物质财富使劳动者成为生产资料的主人，那时的劳动不再具有奴役的属性，不再是单纯的谋生手段或是其他异化的形式，而成为每个人自由发挥才能和力量的活动；消除了剥削制度与异化劳动，消除了工农差别、城乡差别、脑力劳动与体力劳动的差别，能够使得每个人体力和智力获得充分的自由的发展和运用；由于劳动生产力的极大提高与社会必要劳动时间的大大缩

1　参见《马克思恩格斯选集》第3卷，人民出版社2012年版，第812页。
2　《马克思恩格斯选集》第3卷，人民出版社2012年版，第812页。

短，以丰裕的物质资源、充足的自由时间等为每个人自由全面发展创设社会条件，每个人"能够根据社会需要或者他们自己的爱好，轮流从一个生产部门转到另一个生产部门"[1]，其才能、兴趣和禀赋皆得到自由全面发展。不仅如此，在未来社会中，"人终于成为自己的社会结合的主人，从而也就成为自然界的主人，成为自身的主人——自由的人。"[2]"人们自己的社会行动的规律，这些一直作为异己的、支配着人们的自然规律而同人们相对立的规律，那时就将被人们熟练地运用，因而将听从人们的支配。"[3]自由全面发展的人对于认识规律、遵循规律具有高度自觉性与主动性，能够更自觉地使自身摆脱社会运动、自然运动、自身发展规律的盲目支配和奴役状态，从而真正掌握并运用一切驾驭人类社会发展的规律，完全自觉地自己创造自己的历史，真正从必然王国走向自由王国。

恩格斯不仅在内容层面对未来社会的基本特征进行了科学预测，而且这种预测还建立在对科学规律的遵循和科学态度的运用之上。一方面，在揭示人类社会发展规律的基础上，表达对未来社会的展望。作为稳定的、必然的、本质的联系，人类社会发展规律是

1　《马克思恩格斯选集》第1卷，人民出版社2012年版，第308页。
2　《马克思恩格斯选集》第3卷，人民出版社2012年版，第817页。
3　《马克思恩格斯选集》第3卷，人民出版社2012年版，第815页。

社会发展的基本法则与规约之力。规律作为不以个人意志为转移的联系，不仅要求着人们必须依循规律办事，把握事物发展的条件与动力，推动事物发展，而且也规约着事物必然走上规律所规定的路向。恩格斯认识到，一切社会变迁的终极原因，在于有关时代的生产方式和交换方式之中。在此基础上，他揭示了人类社会发展的两大规律：生产关系一定要适应生产力状况规律；上层建筑一定要适应经济基础状况规律。这两大规律规定着资本主义社会必然走向解体，迈上社会主义社会的道路，这是不可回避、不可撼动、不可违抗的普遍事实。恩格斯运用正确的人类社会发展规律剖析与批判资本主义社会，从而作出未来社会及其基本特征预测，并非是凭空臆造的抽象幻想，而是基于资本主义社会内在基本矛盾激化的必然结果。

另一方面，粗线条式勾勒而非细节性描述未来社会的基本特征，体现了马克思主义者的科学态度。1893 年 5 月，在面对法国《费加罗报》记者关于"你们给自己提出什么样的最终目标"的提问时，恩格斯回答道："我们没有最终目标。我们**是不断发展论者**，我们不打算把什么最终规律强加给人类。关于未来社会组织方面的详细情况的预定看法吗？您在我们这里连它们的影子也找不到。"[1] 同样的，马克思早就指

1　《马克思恩格斯文集》第 4 卷，人民出版社 2009 年版，第 561—562 页。

出："新思潮的优点又恰恰在于我们不想教条地预期未来，而只是想通过批判旧世界发现新世界。"[1]马克思恩格斯都认识到，对未来社会越详细、越细节、越具体地描述，就会如空想社会主义者一般陷入纯粹的幻想。马克思主义是一门不断发展的、与时俱进的学说，对未来社会作细节描绘不仅不符合实际，显然也不符合马克思主义理论的发展性特质。再者，未来社会的基本特征是基于资本主义社会典型形态抽象概括的一般性特征。由于不同国家的资本主义社会形态具有特殊性、具体性特征，并且社会形态更替显现出普遍性与多样性交织的特征，在这样的现实情境下难以细致描绘未来社会的具体特征。相反，未来社会的基本特征是从普遍性的角度提炼而出，对共产主义运动皆有一般性的指导意义。

恩格斯对未来社会基本特征及其发展趋势的科学预测基本上是正确的，也为日后的社会主义实践描绘了可供想象的蓝图指引，但绝不可将其盲目而僵化地照搬、以固定不变的模式硬套到现实中来。就如同恩格斯指出的："我们对未来非资本主义社会区别于现代社会的特征的看法，是从历史事实和发展过程中得出的确切结论；不结合这些事实和过程去加以阐明，

1　《马克思恩格斯文集》第 10 卷，人民出版社 2009 年版，第 7 页。

就没有任何理论价值和实际价值。"[1] 科学社会主义之所以是科学的，就在于始终遵循着一切从实际出发、实事求是的态度看待其理论体系。一旦社会的"历史事实和发展过程"发生变化，对于未来社会及其基本特征的认识也应当有所发展。显而易见的是，无论是作为"新世界"的社会主义社会还是作为"旧世界"的资本主义社会，"历史事实和发展过程"皆已经不同于恩格斯进行科学预测时所处的社会环境了。在世界社会主义运动中，社会主义从理想变为现实首先发生在经济文化相对落后的国家，而恩格斯对未来社会基本特征的科学预测基于经济力量较为发达的资本主义社会。再者，恩格斯是在批判 19 世纪后期资本主义发展所造成的事实和过程中发现新世界的基本特征的；如今，资本主义的发展已经由恩格斯所处的自由竞争资本主义进入到国家垄断资本主义的阶段，虽然"资本主义固有的生产社会化和生产资料私人占有之间的矛盾依然存在，但表现形式、存在特点有所不同"[2]。今天，中国特色社会主义现代化建设应当坚持把马克思主义基本原理同中国具体实际、同中华优秀传统文化相结合，以科学的、发展的态度对待未来社会的基本特征。

1　《马克思恩格斯选集》第 4 卷，人民出版社 2012 年版，第 582 页。
2　习近平：《在哲学社会科学工作座谈会上的讲话》，人民出版社 2016 年版，第 14 页。

五、《社会主义从空想到科学的发展》的当代价值

马克思主义是科学的世界观，这在思想界和理论界是一个常讲常新、历久弥新的话题。在马克思主义思想发展史上，恩格斯明确地称谓他和马克思创立的"新唯物主义"是一种新的世界观。今天学习和研究《社会主义从空想到科学的发展》，最根本的是要坚持马克思主义的基本原理也就是马克思主义的世界观和方法论，从中汲取理论智慧营养和淬炼理论思维。

1. 科学社会主义的入门与坚定马克思主义信仰

《社会主义从空想到科学的发展》被马克思形象地称为"科学社会主义的入门"，也为坚定马克思主义信仰和共产主义远大理想奠定了理论基础。信仰马克思主义是共产党人的政治灵魂，实现共产主义是中

国共产党的最高理想和最终目标。"中国共产党之所以叫共产党，就是因为从成立之日起我们党就把共产主义确立为远大理想。我们党之所以能够经受一次次挫折而又一次次奋起，归根到底是因为我们党有远大理想和崇高追求。"[1]坚定共产主义理想信念，必须建立在对历史规律的深刻把握之上，建立在对中国国情的正确认识之上。马克思主义关于共产主义未来的设想并非空想，而是以历史发展规律为根本依据的："这里所根据的是，共产主义是从资本主义中**产生出来**的，它是历史地从资本主义中发展出来的，它是资本主义所**产生**的那种社会力量发生作用的结果。马克思丝毫不想制造乌托邦，不想凭空猜测无法知道的事情。

弗拉基米尔·伊里奇·列宁（1870—1924），无产阶级革命导师，苏联人民的伟大领袖，代表作有《怎么办？》（1902）、《帝国主义是资本主义的最高阶段》（1917）、《国家与革命》（1918）等。他根据俄国国情，继承和发展了马克思主义国家观

马克思提出共产主义的问题，正像一个自然科学家已经知道某一新的生物变种是怎样产生以及朝着哪个方向演变才提出该生物变种的发展问题一样。"[2]换句话说，共产主义的实现具有历史发展的必然性。今天，树立共产主义理想和坚定马克思主义信仰，要从我们党探索中国特色社会主义历史发展和实践的规律中，深刻认识人类社会发展的历史规律性，正确把握中国特色社会主义的实践探索性，不断坚定为共产主

1　习近平：《在庆祝中国共产党成立95周年大会上的讲话》，人民出版社2016年版，第10页。

2　《列宁专题文集：论社会主义》，人民出版社2009年版，第25页。

义远大理想接续奋斗的信念。

谈到信仰，这是一个并不轻松又很重要的话题。特别是在一个后革命时代，革命理想主义似乎已经成为历史尘封的记忆。今天，信仰发生了什么样的变化？为什么会出现如此的变化？特别是一些社会领域中出现的道德失范及其引发的社会问题折射出当前一些社会领域出现了信仰危机的现象。其实，人们之所以得出"信仰危机"的价值判断，说明信仰问题已经成为当代中国人普遍关注的重要问题并引发大家的深思了。痛定思痛，人们已经开始寻找属于自己的真正信仰并希望达成价值共识，以此推进社会的进步。

我们知道，信仰关涉人之安身立命，是人生在世的精神家园。在今天，信仰意味着什么？我们不妨从理论上提出信仰的三种划分方法：精神信仰、政治信仰和生活信仰。结合当前的社会现实，作出这样的区分是必要的。信仰从根本上来说是面向未来的一种美好期待并以此为奋斗目标而矢志不渝地坚持下去，它给人们以生存的方向感、意义感和价值感。无论是精神的信仰、政治的信仰还是生活的信仰，都追求的是美好的东西、真善美的东西。信仰一旦形成，会发挥两个方面的功能：一方面引导人们向上向善，追求美好的东西，提升人们的思想境界；另一方面规约人们的行为，使人们在面对外界纷扰和各种诱惑中坚守底线、保持定力。这两个方面是相辅相成的，正可谓心中有善念，行为有底线。

当代中国倡导的是马克思主义信仰，尤其对于共产党员来说必须树立马克思主义的信仰。有人可能就问，我又不是党员，可不可以就不信仰马克思主义呢？在这里我们需要给予澄清和辨析。严格来讲，信仰马克思主义是一种政治信仰，但政治信仰是一种连接生活信仰和精神信仰的纽带，表达的是对人们向往美好生活的一种实践活动。在革命年代，更是表现为一种为美好理想而奋斗和牺牲的大无畏精神。在和平建设时期，信仰马克思主义变得弥足珍贵。而要想让更多人接受马克思主义，就需要将革命话语转化为生活话语，使马克思主义大众化。我们说过，马克思主义是以实现无产阶级解放和人的自由全面发展为价值目标的、研究人类社会一般发展规律的科学。将无产阶级从资本主义异化中解放出来从而实现人的自由全面发展，体现了人类社会的最大正义；研究以资本主义生产方式及其内在矛盾为典型形态的社会一般发展规律，体现了追求真理的勇气。如果将之翻译成生活语言，那就是追求真理和崇尚正义，这也是信仰马克思主义的真谛。

坚定马克思主义科学信仰要将树立共产主义远大理想和中国特色社会主义共同理想统一起来。习近平同志在不同场合强调树立共产主义远大理想的重要性，并形象地将其称为"革命理想高于天"。这是何等的豪迈！没有对理想信念的执着，就不会有这种豪迈。理想因其远大而为理想，信念因其执着而为信念。共产主义远大理想必须与艰苦奋斗相结合才有生命力，共产主义远大理想不是简简单单就能实现的，必须靠实实在在的努力。要进一步深化对社会主义道路的长期性和艰巨性的认识，特别是在原本经济文化落后的国家建设社会主义更是要充分认识到这种长期性和艰巨性。

　　党的十一届三中全会以来，我们党在认真总结历史经验和汲取历史教训的基础上，作出了"我们的社会主义制度还是处于初级阶段"的科学论断，中国处于并将长期处于社会主义初级阶段是坚持和发展中国特色社会主义的总依据。我们当前所做的工作都不能超越这一阶段，不仅在经济建设中要始终立足初级阶段，而且在政治建设、文化建设、社会建设和生态文明建设中也要牢记初级阶段；不仅在谋划长远发展时要立足初级阶段，而且在日常工作中也要牢记初级阶段。但同时要清醒地意识到，社会主义建设不能总是停留于这一阶段，还要继续前进发展到共产主义社会阶段。我们要把现在所进行的中国特色社会主义建设看作是向着共产主义远大理想迈进的实实在在的努力。尽管共产主义离我们当前还是很遥远，尽管共产主义的实现不是一朝一夕之功，但共产主义绝不是虚无缥缈、可望而不可即的东西。我们不应当因为共产主义的真正实现离当前很遥远就否定这一目标的存在，更不应当把眼前所作的努力与实现这一远大理想完全割裂开来。正如习近平同志所指出的那样："共产主义决不是'土豆烧牛肉'那么简单，不可能唾手可得、一蹴而就，但我们不能因为实现共产主义理想是一个漫长的过程，就认为那是虚无缥缈的海市蜃楼，就不去做一个忠诚的共产党员。革命理想高于天。实现共产主义是我们共产党人的最高理想，而这个最高理想是需要一代又一代人接力奋斗的。如果大家都觉得这是看不见摸不着的东西，没有必要为之奋斗和牺牲，那共产主义就真的永远实现不了了。我们现在坚持和发展中国特色社会主义，就是向着最高理想所进行的实实在在努力。"[1]

坚定理想信念要将学习科学理论与保持定力结合起来。崇高信仰、坚定信念不会自发产生。理论上清醒，政治上才能坚定。实践表明，共产党员坚定理想信念，必须努力学习和掌握马克思主义理论的真谛，把理想信念建立在科学分析的理性基础之上。"95 年来，中国共产党之所以能够完成近代以来各种政治力量不可能完成的艰巨任务，就在于始终把马克思主义这一

1　中共中央文献研究室编：《十八大以来重要文献选编》（中），中央文献出版社 2016 年版，第 321 页。

科学理论作为自己的行动指南，并坚持在实践中不断丰富和发展马克思主义。这使我们党得以摆脱以往一切政治力量追求自身特殊利益的局限，以唯物辩证的科学精神、无私无畏的博大胸怀领导和推动中国革命、建设、改革，不断坚持真理、修正错误。无论是处于顺境还是逆境，我们党从未动摇对马克思主义的信仰。"[1]一言以蔽之，要从马克思主义关于人类社会发展规律的高度来认识当今世界的变化及趋势，坚定对共产主义的理想信念。"坚定的理想信念，必须建立在对马克思主义的深刻理解之上，建立在对历史规律的深刻把握之上。"[2]习近平同志在不同场合告诫领导干部学习掌握马克思主义基本理论的重要性，要求把学习和掌握马克思主义作为中国共产党人的看家本领，特别是要学好用好马克思主义哲学。马克思主义哲学是马克思主义理论的思想基础。学哲学、用哲学，是我们党的一个优良传统。党的十八大以来，以习近平同志为核心的党中央高度重视对马克思主义哲学的学习和运用。学习马克思主义理论特别是马克思主义哲学，可以将理论成果转化为提升党性修养、思想境界、道德水平的精神营养。只要真学真懂真信

---

1 习近平：《在庆祝中国共产党成立 95 周年大会上的讲话》，人民出版社 2016 年版，第 8 页。
2 习近平：《在庆祝中国共产党成立 95 周年大会上的讲话》，人民出版社 2016 年版，第 11 页。

真用，就能在胜利和顺境时不骄傲不急躁、在困难和逆境时不消沉不动摇，从而保持对远大理想和奋斗目标的清醒认知和执着追求。

2. 人们自己的社会行动规律与发挥历史主动性

在马克思主义出现以前，关于人类社会发展是否存在客观规律以及什么是人类社会发展规律的问题，并没有得到很好的解决。如果说人类经历了很长时间才了解了自然界的运动变化存在着规律的话，那么，人类发现社会发展也存在着一定的客观规律所经历的过程就显得更为艰难而复杂、漫长而曲折。人类社会的历史是人类自己创造的。从人类社会产生的那一天起，人们就试图认识和把握人类社会运行的规律。但是，要知道，认识"人类自己创造历史"谈何容易？"不识庐山真面目，只缘身在此山中。"古代思想家将人类历史看作是自然宇宙秩序的一个内在组成部分，认为人类历史没有自己的独立性，服从于自然循环往复的法则。到了近代，由于人的主体性意识的觉醒，人类的历史观念也发生了转换，认为"人类自己创造历史"并遵循特定的规律。于是，探求历史本身的发展规律就成了思想家乐此不疲的研究任务。

在以往的哲学家和社会历史学家看来，社会生活或者是一幅杂乱无章的、由偶然事件堆积起来的图画，或者是由某种不朽的精神赋予了某种联系和发展秩序的神秘现象。他们以思想家们头脑中所想象出来的联系来代替现实社会中的真实联系，这无疑是一种历史唯心主义的观点，他们的错误不在于探讨社会历史发展中的思想观念或精神动力的作用，而在于没有对思想观念和精神动力产生的根源作进一步分析，没有找到"动力背后的动力"。马克思主义正是在历史唯心主义止步的地方进行了具有开创性的探索，终于发现了"历来为繁芜丛杂的意识形态所掩盖着的一个简单事实：人们首先必须吃、喝、住、穿，然后才能从事政治、科学、艺术、宗教等等；所以，直接的物质的生活资料的生产，从而一个民族或一个时代的一定的经济发展阶段，便构成基础，人们的国家设施、法的观点、艺术以至宗教观念，就是从这个基础上发展起来的，因而，也必须由这个基础来解释，而不是像过去那样做得相反"[1]。由此得出了历史唯物主义的基本观点，这些观点体现了马克思主义对人类社会及其发展规律的深刻理解。

马克思恩格斯认为人类社会发展具有规律性，具有双重意义：从肯定的意义上讲，强调人类社会发展存在一定的客观规律性；从批判的意义上讲，他揭示

1　《马克思恩格斯选集》第3卷，人民出版社2012年版，第1002页。

马克思于 1883 年 3 月 14 日在英国伦敦逝世，17 日安葬于伦敦城北的海格特公墓。恩格斯作为马克思的亲密战友发表了《在马克思墓前的讲话》

出迄今为止的人类历史总是像一种自然过程一样地进行，采取以盲目的"非主体"的自然规律的形式与人类对抗。

从肯定意义上看，马克思恩格斯将经济社会形态理解为一种自然历史过程，表明了从科学的客观规律来看待社会历史发展过程。经济社会形态的发展既然是一种自然历史过程，人们也就可以用自然科学的精确性来说明社会形态的变化和发展。我们可以用一种比较精确的语言来描述这一变化和发展过程：生产力的发展是由低级向高级不断前进运动的，由生产力引起的生产关系以至于整个社会形态的发展也是从低级向高级不断前进运动的。人类自产生以来的全部历史，就是这样一部生产力发展的历史和生产方式依次演进的历史。社会形态之所以一个比一个更高级、更复杂，其根本原因和根本标志，就在于它们有较以前更发达的生产力以及同这个生产力相适应的生产关系和以这种生产关系为基础的社会组织形式及社会意识形态。按照生产关系的不同性质，人类历史出现了依次演进的社会形态，这就是社会形态的发展是一种自然历史过程的肯定意义。

社会形态的发展像自然那样产生、运动、变化及其灭亡的过程，具有不以人的意志为转移的客观规律。

需要指出的是，虽然人类社会的发展具有一定的客观规律性，但这种规律发生和表现的形式与自然界有所不同。恩格斯特别指出："在自然界中（如果我们把人对自然界的反作用撇开不谈）全是没有意识的、盲目的动力，这些动力彼此发生作用，而一般规律就表现在这些动力的相互作用中。……相反，在社会历史领域内进行活动的，是具有意识的、经过思虑或凭激情行动的、追求某种目的的人；任何事情的发生都不是没有自觉的意图，没有预期的目的的。"[1]也就是说，社会历史发展规律不同于自然规律，因为它是"人们自己的社会行动的规律"。所以说，社会发展的规律与自然现象的规律之间存在着表现方式上的差别。可是从结果上看，社会现象与自然现象又具有某种结果上的相似性，"不管这个差别对历史研究，尤其是对各个时代和各个事变的历史研究如何重要，它丝毫不能改变这样一个事实：历史进程是受内在的一般规律支配的。因为在这一领域内，尽管各个人都有自觉预期的目的，总的说来在表面上好像也是偶然性在支配着。人们所预期的东西很少如愿以偿，许多预期的目的在大多数场合都互相干扰，彼此冲突，或者是这些目的本身一开始就是实现不了的，或者是缺乏实现的手段的。这样，无数的单个愿望和单个行动的冲突，

<hr>

1 《马克思恩格斯选集》第4卷，人民出版社2012年版，第253页。

在历史领域内造成了一种同没有意识的自然界中占统治地位的状况完全相似的状况。"[1] 由此可见，尽管社会现象是由人的自觉的、有目的的活动构成的，但这些活动是相互冲突的，因而从实质和结果的角度看，社会现象就像自然现象一样是盲目的而且受隐蔽的内在规律的支配。

正因为社会现象与自然现象之间有着表现方式上的差异性和表现结果的相似性，马克思主义经典作家在把人类社会历史作为一个自然历史过程来看待的时候，具有批判的向度。"大体说来，亚细亚的、古希腊罗马的、封建的和现代资产阶级的生产方式可以看做是经济的社会形态演进的几个时代。资产阶级的生产关系是社会生产过程的最后一个对抗形式，这里所说的对抗，不是指个人的对抗，而是指从个人的社会生活条件中生长出来的对抗；但是，在资产阶级社会的胎胞里发展的生产力，同时又创造着解决这种对抗的物质条件。因此，人类社会的史前时期就以这种社会形态而告终。"[2] 资本主义社会是社会历史因素占优势的社会形态，但它又是对抗性

马克思在 1859 年发表的《〈政治经济学批判〉序言》中首次提出"亚细亚生产方式"

1　《马克思恩格斯选集》第 4 卷，人民出版社 2012 年版，第 253—254 页。
2　《马克思恩格斯选集》第 2 卷，人民出版社 2012 年版，第 3 页。

的社会形态。正是由于这种对抗性，使社会经济规律采取以与人对立的自然规律的特殊形式出现，这也就是说，在迄今为止的人类历史中，个人都不是作为自由的主体，而是作为"经济范畴的人格化"出现的。资本主义社会使经济规律采取与人对立的特殊形式出现，当生产者丧失了对他们自己社会关系和自主活动的支配权的时候，"生产资料和产品的社会性质反过来反对生产者本身，周期性地突破生产方式和交换方式，并且只是作为盲目起作用的自然规律强制性地和破坏性地为自己开辟道路"[1]。人类在创造历史的过程中，社会运动出现了类似于自然界的盲目运动。"社会力量完全像自然力一样，在我们还没有认识和考虑到它们的时候，起着盲目的、强制的和破坏的作用。但是，一旦我们认识了它们，理解了它们的活动、方向和作用，那么，要使它们越来越服从我们的意志并利用它们来达到我们的目的，就完全取决于我们了。"[2]这就要求我们必须正确认识和充分把握人类社会历史发展的规律，积极发挥主观能动性和历史主动性，不断为人类造福。

从历史发展大势来看，我们要承认社会发展具有客观规律性、必然性和因果制约性。而作为选择主体

1　《马克思恩格斯选集》第 3 卷，人民出版社 2012 年版，第
666—667 页。
2　《马克思恩格斯选集》第 3 卷，人民出版社 2012 年版，第 667 页。

的人，则要从自身的需要、利益、愿望、目的和知识、能力等因素出发，根据对历史的固有矛盾及其发展趋势的认识，确定自己行为的方向、目标和活动的方式。马克思主义主张，人们行为选择的目的性必须与社会发展的规律性相统一。人类不可能迫使社会发展改变其规律来迎合人自身的目的，而只能在实践活动中不断校正自己的目的以顺应社会发展的规律。要知道，认识和把握社会历史发展的客观规律性，正是为人们的选择活动提供了可能性空间，使人们的本质力量和能动作用得以更充分更有效地发挥，从而更自由自觉地创造自己的历史。同时，主体选择又是历史决定论得以实现的契机和不可缺少的环节。因此，遵循社会发展规律和发挥历史主动性是辩证统一的。

　　这种辩证统一取决于社会规律与人的实践活动相互作用的关系。规律是事物本身固有矛盾所导致的必然发展趋势，这种趋势不是既成事实，也不是独立于人的实践活动之外的预成之物。社会历史规律是人的实践活动创造的。社会生活本质上是实践的，人类通过实践活动创造了自己的历史，同时也创造了社会历史的发展规律。既然人类社会历史发展规律是人的实践活动的产物，那么社会历史规律本质上是人的活动规律。一方面，历史过程是人的活动的过程，历史是世世代代的人们实践活动及其结果的产物。从历史发展的大尺度来讲，历史是人们自己创造的，人们自己创造自己的历史。另一方面，处于一定历史发展阶段的人们在创造自己的历史时，是在既定的直接碰到的从过去继承下来的条件下进行创造的，都要受到前人所创造的既定物质生产条件和历史条件的制约，这些历史条件预先规定了人们的实践活动的结果。可见，社会规律与人的活动是相互作用的，社会规律从根本上制约着人的活动，而人的活动又使社会规律起作用的前提、内容和结果发生变化。这种相互作用贯穿于社会历史发展的整个过程。

从认识论和方法论上看，人的活动与社会规律统一的中介是人对社会发展规律的正确把握。在现实中，有些人的活动顺应社会规律，而有些人的活动却同社会规律相背离。造成这种差别的原因是人对社会规律认识程度的不同。人在实践过程中需要对社会生活的未来发展作出一定的预测和选择。在这里面，社会规律给人们的活动所提供的往往是由多种可能性组成的可能性空间。在这一可能性空间中，究竟哪一种可能性会得以实现，则取决于主体的自由自觉活动，取决于主体的选择。例如，在同一种生产力水平的基础上，由于不同国家和民族的具体特点不同，可能建立起不同性质的生产关系；在同一性质的经济基础之上，不同国家和民族又可以根据自己的特点，建立不同的上层建筑，这都是主体选择的结果。此外，每一种可能性的实现，又会有各种具体的途径和模式。人们在对具体途径和模式的选择上，可以发挥巨大的主动性和能动性，创造出惊人的历史奇迹。可以说，主体选择的千差万别，使历史呈现千姿百态、绚丽多彩。主体选择的得失成败、良莠并存，使历史过程迂回曲折、进退交替，使不同国家和民族的历史发展有快有慢、有优有劣。然而，在多种可能性中，在特定国家和民族中，最佳的可能性只有一个，能否实现这一可能性则取决于历史主体对客观规律认识的正确程度以及主体能动性和历史主动性发挥的程度。

　　因此，历史发展有其规律，但人在其中不是完全消极被动的。只要把握住历史发展规律和大势，抓住历史变革时机，顺势而为，奋发有为，我们就能够更好前进。马克思恩格斯早在170多年前就科学揭示了社会主义必然代替资本主义的历史规律。这是人类社会发展不可逆转的总趋势，但需要经历一个很长的历史过程。在一百多年的奋斗中，中国共产党始终以马克思主义基本原理分析把握历史大势和发挥历史主动性，正确处理中国和世界的关系，善于抓住和用好各种历史机遇。中国共产党的诞生就是顺应世界发展大势的结果。十月革命的胜利，社会主义的兴起，就是当时的世界大势。我们党从这个世界大势中产生，走在了时代前列。抗日战争时期，我们党从世界反法西斯战争和中国人民抗日救亡的强烈愿望的大势出发，促成了抗日民族统一战线，并最终团结带领人民赢得了抗日战争伟大胜利。中华人民共和国的成立和巩固，也是顺应时代大潮的产物。当时，社会主义发展壮大，亚非拉民族解放运动风起云涌，出现了"东风压倒西风"的气象，新中国就是沐浴着这个东风诞生并站住了脚的。作出改革开放的重大决策，也是基于我们党对时代潮流的深刻洞察。当时，世界经济科技快速发展，我国发展同国际先进水平的差距明显拉大。邓小平同志说："我们要赶上时代，这是改革要达到的目的。"[1]我们党对世界大势作出了科学判断，下决心实现党和国家工作中心的转移，一往无前地拉开了改革开放的历史大幕。今天，党领导人民开创中国特色社会主义新时代，全面建成小康社会，开启全面建设社会主义现代化国家新征程，是把握历史发展规律和大势、掌握历史主动的必然趋势。进入 21 世纪的第三个十年，世界处于大发展大变革大调整之中，中国与世界的关系发生深刻变化，与世界的互联互动空前紧密。面对中华民族伟大复兴战略全局和世界百年未有之大变局，以习近平同志为核心的党中央，以伟大的历史主动精神、巨大的政治勇气、强烈的责任担当，统筹国内国际两个大局，贯彻党的基本理论、基本路线、基本方略，统揽伟大斗争、伟大工程、伟大事业、伟大梦想，坚持稳中求进工作总基调，采取一系列战

1　《邓小平文选》第 3 卷，人民出版社 1993 年版，第 242 页。

略性措施，推进一系列变革性实践，实现一系列突破性进展，取得一系列标志性成果，党和国家事业取得历史性成就、发生历史性变革。

"虽有智慧，不如乘势。"了解历史才能看得远，理解历史才能走得远。我们要胸怀中华民族伟大复兴战略全局和世界百年未有之大变局，树立大历史观，从历史长河、时代大潮、全球风云中分析演变机理、探究历史规律，提出因应的战略策略，增强工作的系统性、预见性、创造性，发扬历史主动精神，为实现中华民族伟大复兴的中国梦不懈奋斗。

2021 年 11 月 11 日，党的十九届六中全会审议通过《中共中央关于党的百年奋斗重大成就和历史经验的决议》

3. 国家是自行消亡的与推进国家治理现代化

《社会主义从空想到科学的发展》中恩格斯关于共产主义社会基本特征的阐述，与马克思主义国家理论特别是国家消亡理论是高度关联的。恩格斯指出："当国家终于真正成为整个社会的代表时，它就使自己成为多余的了。当不再有需要加以镇压的社会阶级的时候，当阶级统治和根源于至今的生产无政府状态的个体生存斗争已被消除，而由此二者产生的冲突和极端行动也随着被消除了的时候，就不再有什么需要镇压了，也就不再需要国家这种特殊的镇压力量了。

国家真正作为整个社会的代表所采取的第一个行动，即以社会的名义占有生产资料，同时也是它作为国家所采取的最后一个独立行动。那时，国家政权对社会关系的干预在各个领域中将先后成为多余的事情而自行停止下来。那时，对人的统治将由对物的管理和对生产过程的领导所代替。国家不是'被废除'的，**它是自行消亡的。**"[1]

国家消亡是一个逐渐发展的长期过程，对于当前社会主义国家的发展来说离国家消亡的目标还很遥远。因此，既要看到国家消亡是历史发展的必然趋势，又要清醒地认识到这一过程的长期性、复杂性和艰巨性。特别是在原本经济文化落后的国家，无产阶级夺取政权后如何建设社会主义、如何治理社会主义是一个高度复杂的难题。

1884 年，恩格斯在马克思研究的基础上写作了《家庭、私有制和国家的起源》，揭示了国家的起源和实质，证明了国家由阶级产生，随着阶级的消失，国家也必将消亡

从人类社会发展的历史进程来看，社会主义的历史是一个不断从理想走向现实的过程。与其他社会形态根本不同的是，社会主义首先是作为一种理想社会的愿景和蓝图而出现的，其他社会形态都不是事先作为理想而被追求的结果而是历史发展的直接结果。

---

1 《马克思恩格斯选集》第3卷，人民出版社 2012 年版，第 812 页。

因此，从逻辑上讲，社会主义的建设和发展会比其他社会形态更能充分地自觉地运用社会发展规律。而从实践上看，纵观社会主义从诞生到现在的历史过程，怎样治理社会主义社会这样的全新社会，在以往的世界社会主义实践中并没有得到很好的解决。马克思恩格斯对未来社会提出了理论设想但在国家治理的实践方面几乎是空白。列宁在俄国十月革命后不久就去世了，没来得及深入探索国家治理这个问题；苏联在这个问题上进行了探索，取得了一些有效经验，但也犯下了严重错误，没有解决好这个问题。可以说，这对于中国共产党来说完全是一个崭新的时代课题，既然是新课题，那么其探索的经验就显得格外珍贵。中国共产党在领导新民主主义革命的历史进程中，对未来建立什么样的国家治理体系的问题进行过很多有益的思考。新中国成立后不断探索这个问题，虽然也发生了严重曲折，但在国家治理体系和治理能力上积累了丰富经验、取得了重大成果。特别是改革开放以来，我们党团结带领人民开创了中国特色社会主义，不断完善中国特色社会主义制度和国家治理体系，使当代中国焕发出前所未有的生机活力。

从形成更加成熟更加定型的制度看，我国社会主义实践已经走过了前半程。前半程的主要历史任务是建立社会主义基本制度，并在这个基础上进行改革，现在已经有了很好的基础。后半程的主要历史任务是完善和发展中国特色社会主义制度，为党和国家事业发展、为人民幸福安康、为社会和谐稳定、为国家长治久安提供一整套更完备、更稳定和更管用的制度体系。基于这种战略思考，党的十八大以来，我们党把制度建设摆到更加突出的位置，强调："全面建成小康社会，必须以更大的政治勇气和智慧，不失时机深化重要领域改革，坚决破除一切妨碍科学发展的思想观念和体制机制弊端，构建系统完备、科学规范、运行有效的制度体系，使各方面制度更加成熟更加定型。"[1]具体来讲，我们推进全面深化改革，健全党的领导体制机制，加强人民当家作主制度建设，完成宪法部分内容修改，推动社会主义协商民主广泛多层制度化发展，深化党和国家机构改革，深化经济体制改革，深化司法体制综合改革，深化生态文明体制改革，深化国防和军队改革，建立国家监察制度，中国特色社会主义制度日趋成熟定型，中国特色社会主义法治体系不断完善，为推动党和国家事业取得历史性成就、发生历史性变革发挥了重大作用。

经过改革开放的持续发展，中国特色社会主义制度已经初步建立起来但还没有成熟定型，因此推动中国特色社会主义制度更加成熟定型成为摆在中国共产

1　胡锦涛：《坚定不移沿着中国特色社会主义道路前进　为全面建成小康社会而奋斗——在中国共产党第十八次全国代表大会上的报告》，人民出版社 2012 年版，第 18 页。

党面前的一项重大历史任务。早在 1992 年邓小平同志就提出，再有 30 年的时间，我们才会在各方面形成一整套更加成熟、更加定型的制度。党的十八大以来，我们党坚持把完善和发展中国特色社会主义制度，推进国家治理体系和治理能力现代化作为全面深化改革的总目标。全面深化改革是一场全面的社会变革，一个系统工程，既涉及生产力，又涉及生产关系；既涉及经济基础，又涉及上层建筑。只有把生产力和生产关系的矛盾运动同经济基础和上层建筑的矛盾结合起来，把社会基本矛盾作为一个整体来观察，才能全面把握整个社会的基本面貌和发展方向。习近平同志指出："社会基本矛盾总是不断发展的，所以调整生产关系、完善上层建筑需要相应地不断进行下去。……改革开放只有进行时、没有完成时。这是历史唯物主义态度。"[1] 我们要不断推动生产关系同生产力、上层建筑同经济基础相适应，不断完善和发展中国特色社会主义制度，不断推进中国特色社会主义事业向前发展。

经过新中国 70 多年的发展，我们自觉地把马克思主义基本原理同中国具体实际相结合，同中华优秀传统文化相结合，不断深入探索共产党执政规律、社

1　中共中央文献研究室编：《习近平关于协调推进"四个全面"战略布局论述摘编》，中央文献出版社 2015 年版，第 75 页。

会主义建设规律和人类社会发展规律，在具有悠久历史的东方大国建立起确保亿万人民当家作主的新型国家制度，使中国特色社会主义制度成为具有显著优越性和强大生命力的制度，保障我国创造出"经济快速发展、社会长期稳定"两大奇迹，同时为发展中国家走向现代化提供了全新选择，为人类探索建设更好社会制度贡献了中国智慧和中国方案。实践证明，中国特色社会主义制度和国家治理体系是以马克思主义为指导、植根中国大地、具有深厚中华文化根基、深得人民拥护的制度和治理体系，是具有强大生命力和巨大优越性的制度和治理体系，是能够持续推动拥有 14 亿多人口大国进步和发展、确保拥有五千多年文明史的中华民族实现"两个一百年"奋斗目标进而实现伟大复兴的制度和治理体系。

2013 年 11 月 12 日，党的十八届三中全会审议通过《中共中央关于全面深化改革若干重大问题的决定》，《决定》明确指出："全面深化改革的总目标是完善和发展中国特色社会主义制度，推进国家治理体系和治理能力现代化。"

当今世界正经历百年未有之大变局，国际形势复杂多变，改革发展稳定、内政外交国防、治党治国治军各方面任务之繁重前所未有，我们面临的风险挑战之严峻前所未有。由于中国的现代化是"压缩式发展"，风险社会出现的各种迹象人们或多或少已有所感知。但仅仅有感知还是不够的，还必须有清醒的理性思考和深刻的理论分析。随着社会主义现代化建设的深入推进，我国已经实现了全面建成小康社会的奋斗目标，

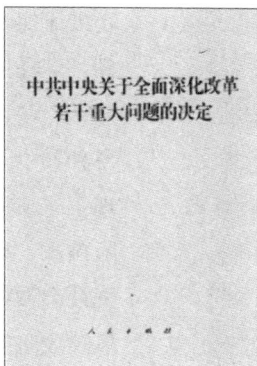

正处于实现第二个百年奋斗目标的新征程。必须认识到，"在前进道路上我们面临的风险考验只会越来越复杂，甚至会遇到难以想象的惊涛骇浪。我们面临的各种斗争不是短期的而是长期的，至少要伴随我们实现第二个百年奋斗目标全过程。"[1]前进道路上的风险挑战，有的来自国内，有的来自国际，有的来自经济社会领域，有的来自自然界。要打赢防范化解重大风险攻坚战，必须坚持和完善中国特色社会主义制度、推进国家治理体系和治理能力现代化，运用制度威力应对风险挑战的冲击。

与我国经济社会的发展要求相比，与人民群众的热烈期待相比，与当今世界日趋激烈的国际竞争相比，与实现国家长治久安的价值诉求相比，我们在国家治理体系和治理能力方面还有许多不足，有许多亟待改进的地方，特别是中国特色社会主义制度还没有达到更加成熟更加定型的要求，甚至有的体制机制还没有健全或发挥有效的作用，在一定程度上制约着社会主义现代化建设的顺利推进。因此，必须从各个领域推进国家治理体系和治理能力现代化。"推进国家治理体系和治理能力现代化，就是要适应时代变化，既改革不适应实践发展要求的体制机制、法律法规，又不

1　《习近平谈治国理政》第三卷，外文出版社 2020 年版，第 225—226 页。

断构建新的体制机制、法律法规，使各方面制度更加
科学、更加完善，实现党、国家、社会各项事务治理
制度化、规范化、程序化。要更加注重治理能力建设，
增强按制度办事、依法办事意识，善于运用制度和法
律治理国家，把各方面制度优势转化为管理国家的效
能，提高党科学执政、民主执政、依法执政水平"[1]。
站在"两个一百年"的历史交汇点，面对深刻而复杂
的社会转型，我们要更加自觉地把握社会发展规律，
加快推进国家治理体系和治理能力现代化，努力形成
更加成熟更加定型的中国特色社会主义制度。面临新
形势新任务新要求，需要对坚持和完善中国特色社会
主义制度、推进国家治理体系和治理能力现代化进行
系统总结和理论提炼，提出更加完善和创新发展的前
进方向和工作要求。

2019 年 11 月，习近平同志在《关于〈中共中央
关于坚持和完善中国特色社会主义制度　推进国家治
理体系和治理能力现代化若干重大问题的决定〉的说
明》中指出，在改革开放 40 多年历程中，党的十一
届三中全会开启了改革开放和社会主义现代化建设历
史新时期；党的十八届三中全会开启了全面深化改革、
系统整体设计推进改革的新时代，开创了我国改革开

1　中共中央文献研究室编：《十八大以来重要文献选编》（上），
　　中央文献出版社 2014 年版，第 549 页。

放的新局面。党的十八届三中全会推出336 项重大改革举措。经过 5 年多的努力，重要领域和关键环节改革成效显著，主要领域基础性制度体系基本形成，为推进国家治理体系和治理能力现代化打下了坚实基础。但要清醒地看到，这些改革举措有的尚未完成，有的甚至需要相当长的时间去落实。更为重要的是，与过去相比，新时代改革更多面对的是深层次体制机制问题，对改革顶层设计的要求更高，对改革的系统性、整体性、协同性要求更强，相应地建章立制、构建体系的任务更重。因此，新时代谋划全面深化改革，必须以坚持和完善中国特色社会主义制度、推进国家治理体系和治理能力现代化为主轴，深刻把握我国发展要求和时代潮流，把制度建设和治理能力建设摆到更加突出的位置，继续深化各领域各方面体制机制改革，推动各方面制度更加成熟更加定型，推进国家治理体系和治理能力现代化。[1]

我国是在经济文化比较落后的条件下进行社会主义道路探索的，在治理国家方面也走过一些弯路，但还是积累了重要的经验、取得了积极的成果。改革开放尤其是党的十八大以来，党中央更加突出从制度

2019 年 10 月 31 日，党的十九届四中全会审议通过《中共中央关于坚持和完善中国特色社会主义制度 推进国家治理体系和治理能力现代化若干重大问题的决定》

---

[1] 参见《习近平谈治国理政》第三卷，外文出版社 2020 年版，第 111—112 页。

建设的高度解决国家治理问题，着力坚持完善中国特色社会主义制度和推进国家治理体系和治理能力现代化，取得了历史性成就。正如习近平同志指出："我们党把马克思主义基本原理同中国具体实际结合起来，在古老的东方大国建立起保证亿万人民当家作主的新型国家制度，使中国特色社会主义制度成为具有显著优越性和强大生命力的制度，保障我国创造出经济快速发展、社会长期稳定的奇迹，也为发展中国家走向现代化提供了全新选择，为人类探索建设更好社会制度贡献了中国智慧和中国方案。"[1] 概括地讲，中国特色社会主义制度具有优势和生命力的奥秘就在于，"始终代表最广大人民根本利益，保证人民当家作主，体现人民共同意志，维护人民合法权益，是我国国家制度和国家治理体系的本质属性，也是我国国家制度和国家治理体系有效运行、充满活力的根本所在"[2]。这是我国制度建设和国家治理的宝贵经验，是对马克思主义国家理论和共产主义发展阶段理论的继承和发展，必须长期坚持并不断完善。

1 习近平：《坚持、完善和发展中国特色社会主义国家制度与法律制度》，《求是》2019 年第 23 期。

2 中共中央党史和文献研究院编：《十九大以来重要文献选编》（中），中央文献出版社 2021 年版，第 303 页。

后 记

　　马克思主义经典著作作为人类文明的瑰宝，体现着经典作家所汲取的人类探索真理的丰富思想成果，体现着经典作家攀登科学理论高峰的不懈追求和艰辛历程。阅读马克思主义经典著作，本身就是增长知识、开阔眼界、增加思想深度和训练思维方式的过程，就是培养高瞻远瞩的战略洞察力和脚踏实地的工作作风的过程。马克思主义经典著作，还体现着经典作家坚定的政治立场和政治信仰、解放全人类的理想和献身共产主义事业的品格。阅读他们的著作，会使我们在潜移默化中受到他们崇高风范和人格力量的熏陶，从而实现自己思想境界和道德情操的升华。《社会主义从空想到科学的发展》就是这样的经典著作，相信读者朋友们在研读之后更能深刻地体会这一点。

　　研读马克思主义经典著作首先是原原本本地读。我们知道，马克思主义经典著作都是一定历史时代的产物，有着深刻的时代背景，包含着丰富的知识含量、思想资源和理论精华。要深刻理解马克思主义的精神实质和思想精髓，必须专心致志地读、反反复复地读，通过细嚼慢咽去感悟马克思主义经典著作历久弥新的思想价值。在学习过程中，阅读一些辅导材料是必要的，但这绝不能代替对原著的钻研，因为只有在原著中，我们才能看到经典作家对马克思主义理论直接而又严谨的阐述，才能进一步发现历史和现实中种种误读的危害和成因。恩格斯指出，"一个人如果想研究科学问题，首先要学会按照作者写作的原样去阅读自己要加以利用的著作，并且首先不要读出原著中没有的东西"[1]。我们在帮助读者理解原著时，利用了一些辅助材料，但不能代替读者自己去阅读原著，这也是我们研究《社会主义从空想到科学的发展》这部著作所应遵循的原则。

研读马克思主义经典著作最重要的是在掌握马克思主义基本原理上下功夫。马克思主义是由它的一系列基本原理和基本观点构成的科学体系，其中包括马克思主义理论创始人的重要思想，也包括他们的继承者们在回答时代课题和实现历史使命过程中形成的、经过实践检验是正确的基本观点。坚持马克思主义，最根本的就是坚持马克思主义立场观点方法，坚持马克思主义基本原理。学习马克思主义经典著作，最重要的也是掌握马克思主义立场观点方法，掌握马克思主义基本原理。因此，在研究《社会主义从空想到科学的发展》的过程中，我们要注意提炼概括其中的马克思主义基本原理及其方法论意义。"恩格斯撰写《社会主义从空想到科学的发展》等论著，系统阐发马克思主义基本原理，科学论证了马克思主义三个组成部分之间的内在统一性，以深刻的学理捍卫并发展了马克思主义的科学性，以完备的体系避免和修

---

[1] 《马克思恩格斯文集》第 7 卷，人民出版社 2009 年版，第 26 页。

正了对马克思主义的片段化、庸俗化。"[1]

　　研读马克思主义经典著作要坚持理论与实践的统一，这也是研读马克思主义经典著作的科学态度。"没有科学的态度，即没有马克思列宁主义的理论和实践统一的态度，就叫做没有党性，或叫做党性不完全。"[2]毛泽东同志这意味深长的提示，对于今天我们学习马克思主义经典著作同样是适用的。我们在第五章结合当代时代特征的发展研究《社会主义从空想到科学的发展》的当代价值，希望能对读者有所启发。让我们共勉：把读马克思主义经典、悟马克思主义原理当作一种生活习惯，当作一种精神追求，用经典涵养正气、淬炼思想、升华境界、指导实践。

　　在书稿的写作中，采取了集体合作的形式，我列出全书写作提纲并撰写了第五章。第一、二章初稿由王煜霏撰写，第三、四章初稿由黄文燕撰写，我对全书进行了统稿和修订。黄文燕、王煜霏、孙翠亭、刘欢、周子煜、王佳怡、张念娟等同学在书稿校对和插图编辑等方面做了很多具体工作。在图书出版之际，对各位同学的辛苦付出表示衷心的感谢！在本书的策划出版过程中，我要特别感谢南京大学哲学系张亮教授和孙乐强教授的推荐和帮助，感谢江苏人民出版社编辑老师的辛苦付出。

宋友文
2023 年 12 月

1　习近平：《开辟马克思主义中国化时代化新境界》，《求是》2023 年第 20 期。
2　《毛泽东选集》第 3 卷，人民出版社 1991 年版，第 800 页。

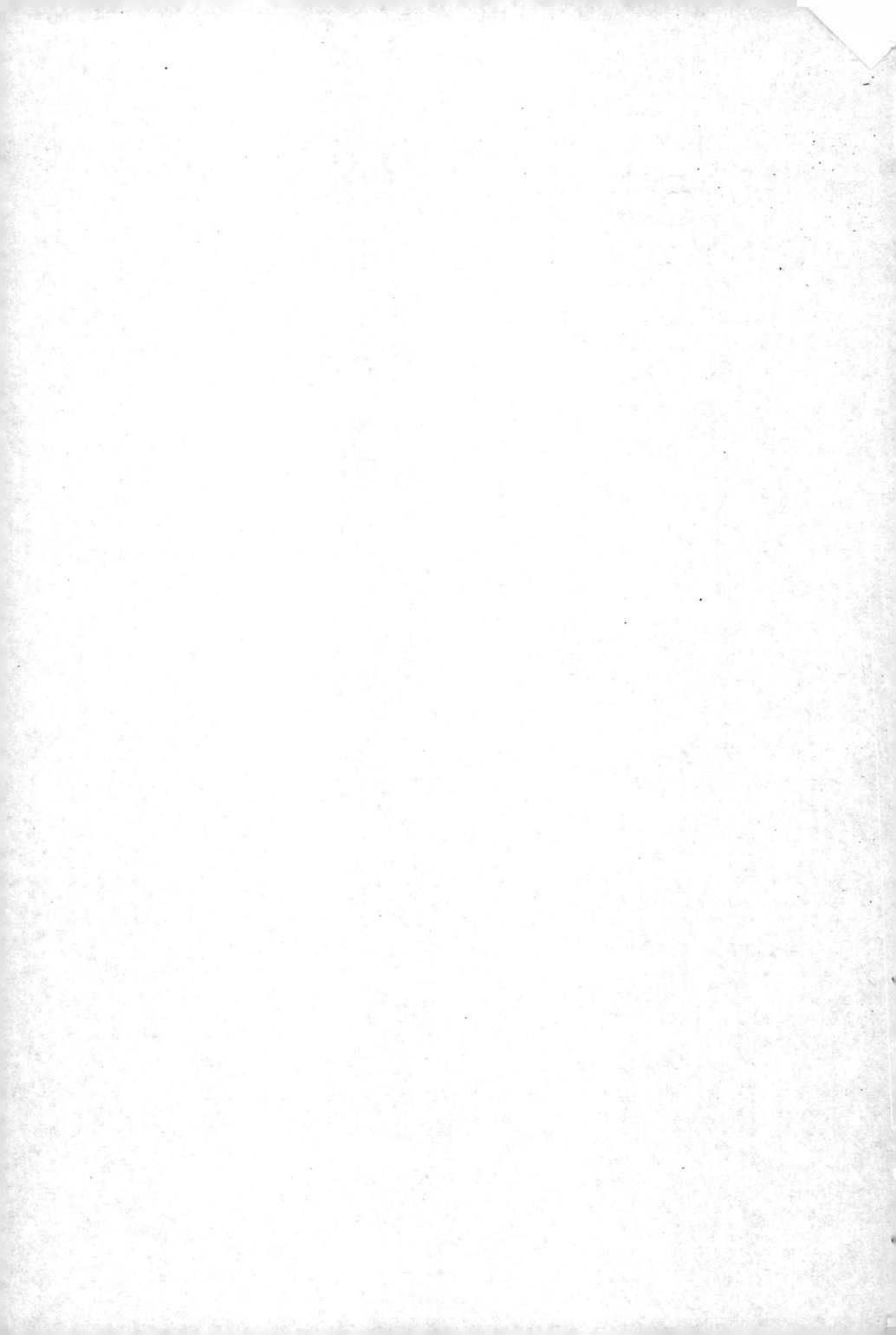